2017年第2期
总第8期

西部发展研究

RESEARCH ON THE DEVELOPMENT IN WESTERN CHINA

罗中枢　主编

《西部发展研究》编辑委员会

主　任：罗中枢

委　员（以姓氏笔画为序）

　　　　方　铁　　王　卓　　石　硕　　史云贵　　朱晓明
　　　　罗中枢　　次旦扎西　余潇枫　　周　平　　郝时远
　　　　姜晓萍　　姚乐野　　盖建民　　潘志平　　霍　巍

主　编：罗中枢
副主编：王　卓
编　务：罗江月　李静玮

学术支持单位：四川大学/中国西部边疆安全与发展协同创新中心

发展与治理

我国流动人口城市化压力的空间分布研究 …………………… 张凌华 / 3
边疆民族地区自然资源管理中政府与社区的合作
　　——基于白马雪山自然保护区社区共管协会的个案研究 … 张云熙 / 16

边疆史地

浅述中国历代边疆史地丛书的价值及其整理 ……… 李勇先　张保见 / 29
玉米在云南的引种和推广 …………………………………… 李昕升 / 39

西部周边研究

试析印度西北边疆治理的经验教训及其对中国的启示 ……… 俞家海 / 55
整合国内资源：深化国际河流开发的前提 ………………… 刘　华 / 73
中印合作与竞争关系分析：基于1998年以来的中英文文本
　　………………………………………… 张淑兰　徐炜丹 / 87
"命运共同体"理念下中国"友情外交"战略析论 ………… 刘锦前 / 110

"一带一路"专题

"一带一路"背景下内蒙古地区对外文化发展的战略意义与路径
　　选择 ………………………………………………… 翟　禹 / 127

论地方志在"一带一路"中的信史文化作用 …………… 朱克雄 / 142
文化遗产保护视野下的成都与"一带一路"倡议
……………………………………… 汤 怡 陆韵羽 白玉川 / 149

青年学人论坛

关于民族互嵌型社区的研究综述 ……………… 林 鑫 杨鹍飞 / 161

发展与治理

我国流动人口城市化压力的空间分布研究*

张凌华**

摘　要： 基于 ArcGIS10.2 软件和第六次全国人口普查数据，建成全国 362 个地级以上行政单元城市流动人口数据库。在假设全国不同区域城市流动人口市民化成本一致的前提下，根据不同区域流动人口规模和集聚特征探讨我国流动人口市民化压力的空间分布。研究表明：我国东部地区市民化压力最大；中部地区城市流动人口市民化压力以一般压力和较小压力为主；除成都和重庆外，西部地区城市流动人口市民化压力总体较小；东北地区城市流动人口市民化的压力也总体较小。

关键词： 城市流动人口　城市化压力　空间分布

城市流动人口是指在居住和工作在城市但没有获得当地城镇户籍的常住人口，其中农民工有 2.77 亿人（2015 年），是城市流动人口的主体。流动人口市民化是指借助于工业化和城市化的推动，使流动人口在身份、地位、价值观、社会权利以及生产、生活方式等方面全面向城市市民转化，并顺利融入城市社会的过程。① 根据《国家新型城镇化报告 2015》，2015年我国城镇化率达到 56.1%，但是户籍人口城镇化率仅为 39.9%，两者之

---

*　本文为四川大学中央高校基本业务费项目（skq201621）的阶段性成果。
**　张凌华，中国西部边疆安全与发展协同创新中心助理研究员。
①　张国胜：《基于社会成本考虑的农民工市民化：一个转轨中发展大国的视角与政策选择》，《中国软科学》2009 年第 4 期。

间存在16.2个百分点的差距。2016年10月，国务院办公厅发布《推动1亿非户籍人口在城市落户方案》，指出要在"十三五"期间实现每年平均转户人口在1300万人以上，到2020年全国户籍人口城镇化率提高至45%的目标。流动人口市民化是提高我国户籍城镇化率的重要途径。然而流动人口市民化的进程非常缓慢，《中国农业转移人口市民化进程报告》显示，2012年中国农民工市民化程度综合指数仅为39.63%。对于流动人口市民化进程缓慢的原因，学界众说纷纭。许多学者从与市民福利息息相关的户籍制度改革谈起，认为我国长期以来实行的二元化户籍制度严重制约了我国流动人口的市民化进程，虽然我国自2014年开始取消了农业人口和非农业人口性质的划分，建立城乡统一的户口登记制度，但是包含诸多户口福利的"隐性户籍墙"并没有完全拆除，制约着我国流动人口的市民化进程。[1] 有的学者从解除农民工后顾之忧的农村土地制度改革谈起，认为现行农村土地制度是农民的保障。对我国东、中、西部农民工的实地调研表明，一纸城镇户口对农民工并没有太多吸引力，特别是在面对加入城镇户籍和放弃农村土地、退出农村三权（土地承包权、宅基地使用权、集体收益分配权）的选择时，大多数人均不愿意放弃农村土地而加入城镇户籍。[2] 有的学者关注流动人口自身能力建设，认为自身总体文化水平低、技能缺乏、转移能力差等因素也成为农民工市民化进程缓慢的内因所在;[3] 也有学者认为我国的财政体制也是影响我国流动人口市民化的重要原因，指出现行的财政体制是假定人口不流动，并以本地户籍人口为基础进行资源配置的，大规模的流动人口使得政府的财权与事权不对等，也难以有效推动市民化政策的发展。[4] 针对流动人口市民化存在的种种影响因素，2016年8月5日，国务院印发《关于实施支持农业转移人口市民化若干财政政策

---

[1] 肖定菊、吴建荣：《农业转移人口市民化的制度创新及政策逻辑》，《农业经济》2017年第2期。
[2] 聂军、曹宗平：《新型城镇化背景下农民工市民化相关问题研究》，《贵州社会科学》2017年第3期。
[3] 刘传江：《中国农民工市民化研究》，《理论月刊》2006年第10期。
[4] 吕炜：《农业转移人口市民化研究——财政约束与体制约束视角》，《财经问题》2014年第5期。

的通知》(以下简称《通知》),该《通知》部署了十条具体的财政政策,涉及农民工子女教育、医疗保险、社会保障、就业、农民工农村三权维护、地方政府流动人口市民化奖励、中央对地方的均衡性转移支付、基本财力保障、城市基础设施建设和运行维护、保障性住房等相关专项资金支持并对转移支付规模和结构进行动态调整。这些从缓解地方政府推进流动人口市民化的财政压力角度和确保流动人口基本公共服务的获取、流动人口自身能力提升以及非工资性收入保障的角度,强化了财政政策供给和资金支持,为推进我国推进流动人口市民化带来真正的曙光。①

城市流动人口要转化为市民,享受与当地城镇户籍居民相同的就业、住房、教育、医疗、养老以及其他公共服务的待遇和权利,个人和社会必须付出一定代价,即流动人口市民化的成本。②当前我国流动人口市民化推进缓慢,表面上是受户籍制度、社会保障制度、土地制度、财政制度等制改革滞后的因素影响,其本质却是庞大的流动人口市民化成本的限制。③我国国土面积较大,地区社会经济条件和流动人口的空间分布不均衡,又使得我国不同地区流动人口市民化的成本具有差异性。在当前背景下,有必要回归到流动人口本身的空间分布特征这一视角,再探我国不同区域流动人口市民化进程面临的总体形势,分析流动人口市民化压力的空间分布,为顺利推进我国流动人口市民化提供参考。为此,本文以流动人口市民化的空间分布为研究视角,假设我国不同区域每个流动人口市民化的成本一致,则不同区域流动人口市民化的压力与流动人口数量成正比。在此基础上,根据2010年全国第六次人口普查资料,以362个地级市为基本地域单元,分析2010年我国流动人口的空间分布特征,探讨我国流动人口市民化压力的空间分异。

---

① 王春光:《财政政策如何助力农业转移人口市民化》,《人民论坛》2016年第19期。
② 匡远配、周凌:《财政分权、农地流转与农民工市民化》,《财政研究》2017年第2期。
③ 伍雪媚等:《四川省农民工市民化成本模型构建及测算》,《四川农业大学学报》2016年第2期。

一 方法与数据

（一）研究方法

ESDA（Exploratory Spatial Data Analysis，探索性空间数据分析）以空间关联性测度（Spatial Association Measures & SAMS）为核心，基于数据驱动，描述与显示对象的空间分布特征，揭示数据的空间依赖与空间异质性（Spatial Heterogeneity），描述空间分布和联系结构。① 本文以 ArcGIS10.2 软件为支持，运用 ESDA 中全局空间自相关分析（全局 Moran's I 指数）和局部自相关分析（局部 Moran's I 指数）揭示 2010 年全国流动人口空间分布和联系结构特征。

（1）全局 Moran's I 指数

$$I = \frac{\sum_{i=1}^{n}\sum_{j=1}^{n}w_{ij}(y_i - \bar{y})(y_i - \bar{y})}{(\sum_{i=1}^{n}\sum_{j=1}^{n}w_{ij})\sum_{j=1}^{n}(y_j - \bar{y})^2}$$

式中：n 为空间单元总数；w_{ij} 是空间权重矩阵；y_i 和 y_j 分别是空间单元的观测值；$\bar{y}$ 是 y 的平均值。

（2）局部 Moran's I 指数

$$I = \frac{y_i - \bar{y}}{S^2}\sum_{j=1}^{n}w_{ij}(y_i - \bar{y})$$

式中：S^2 是 y_i 的离散方差。局部 Moran's I 指数将空间关联模式分为 4 种类型，分别是高高聚类、低低聚类、高低聚类和低高聚类。

（二）数据来源及处理

本文研究包括 362 个地级行政单元，其中省辖地级行政单元 330 个、

---

① 李扬等：《北京市人口老龄化的时空变化特征》，《中国人口·资源与环境》2011 年第 11 期。

省直辖县级行政区划28个、直辖市4个，涉及31个省、自治区和直辖市（不包括台湾、香港和澳门）。本文使用的人口指标包括非农业人口（α）、城镇人口（β）和流动人口（ρ），具体数据根据2010年第六次全国人口普查专题数据——中国2010年人口普查分县资料获得。

$$\alpha = \sum_{i=1}^{n} \alpha_i$$

$$\beta = \sum_{i=1}^{n} \beta_i$$

$$\rho = \sum_{i=1}^{n} \beta_i - \sum_{i=1}^{n} \alpha_i$$

式中：α为某地级市非农人口，n为地级市所辖县级行政单位数量，α_i为某地级市下属第i个县级行政单位非农业人口数量；β某地级市城镇人口，β_i为某地级市下属第i个县级行政单位城镇人口数量；ρ为某地级市流动人口数量。

基于ArcGIS10.2软件，本文将362个地级行政单元的相应数据关联到对应的地域单元，构建2010年我国非农业人口、城镇人口和流动人口地理数据库。

二 我国城市流动人口的空间分布格局

（一）我国城市流动人口的空间分布

基于ArcGIS10.2软件和第六次全国人口普查数据，建成全国362个地级市流动人口数据库。除海南的中部，哈尔滨的北部和新疆的西部和北部地区外，[①] 全国范围均有流动人口分布。在空间分布上，我国城市流动人

---

① 我国有15个城市的城镇常住人口规模小于非农业人口规模，形成流动人口数量为负的现象。这些城市主要位于海南的中部，哈尔滨的北部与新疆的西部和北部，包括东部地区的保亭县、琼中县和白沙县，东北地区的双鸭山市、鹤岗市、伊春市、黑河地区、盘锦市，西部地区的克孜勒苏柯尔克孜自治州、伊犁哈萨克自治州、和田地区、阿勒泰地区、博尔塔拉蒙古自治州、喀什地区和塔城地区。

口主要集中在漠河腾冲线以东的区域，且具有由东部沿海向中部和西部地区递减的总体分布趋势。根据全国第六次人口普查，2010 年全国城市流动人口总量为 28406 万人，占城镇人口的 42.24%；其中东部、中部、西部和东北的流动人口数量分别是 15151 万人、6597 万人、5671 万人、987 万人，分别占流动人口总量的 53.34%、23.22%、19.96%、3.48%。这些数据进一步表明，2010 年我国接近一半的城镇人口为流动人口，超过一半的流动人口分布在我国东部地区，其次分别为中部、西部和东北。①

为进一步分析城市流动人口的空间分布特征，参照 2014 年国务院印发《关于调整城市规模划分标准的通知》明确的城市规模划分标准，将我国的地级市按流动人口规模划分为特大流动人口城市（≥500 万）、Ⅰ型流动人口大城市（300 万~500 万）、Ⅱ型流动人口大城市（100 万~300 万）、中等流动人口城市（50 万~100 万）和小型流动人口城市（0~50 万）。由于少数地区人口迁出规模较大，存在城市常住人口规模小于当地非农人口规模的情况，本文把这类城市划分为非农人口净迁出城市。

依据这样的划分，2010 年我国 65.42% 的城市流动人口集中分布在 90 个流动人口规模大于 100 万的大城市，流动人口空间分布的极化特征明显，另外 34.83% 的城市流动人口分散分布在 257 个流动人口规模在 0~100 万的中小城市，显示了我国流动人口具有以集中分布为主，分散分布为辅的空间分布格局（见表 1）。

表 1 城市类型划分及空间分布统计

	城市类型	特大流动人口城市/≥500 万	Ⅰ型流动人口大城市/300 万~500 万	Ⅱ型流动人口大城市/100 万~300 万	中等流动人口城市/50 万~100 万	小型流动人口城市/0~50 万	人口净迁出城市/<0
全国	城市数量（个）	4	10	76	84	173	15
	流动人口规模（万）	2450	3852	12236	6134	3734	/
	流动人口/全国流动人口（%）	8.65	13.59	43.18	21.65	13.18	/

---

① 根据国家统计局 2011 年 6 月的划分办法，我国经济区域划分为东部、中部、西部和东北四大地区。

续表

	城市类型	特大流动人口城市/≥500万	Ⅰ型流动人口大城市/300万~500万	Ⅱ型流动人口大城市/100万~300万	中等流动人口城市/50万~100万	小型流动人口城市/0~50万	人口净迁出城市/<0
东部地区	城市数量（个）	3	9	44	19	28	3
	流动人口规模（万）	1917	3551	7685	1438	560	/
	流动人口/全国流动人口（%）	6.76	12.53	27.12	5.07	1.98	/
中部地区	城市数量（个）	/	/	22	34	32	/
	流动人口规模（万）	/	/	3086	2532	979	/
	流动人口/全国流动人口（%）	/	/	10.89	8.93	3.45	/
西部地区	城市数量（个）	1	1	7	29	87	7
	流动人口规模（万）	533	301	1125	2022	1690	/
	流动人口/全国流动人口（%）	1.88	1.06	3.97	7.14	5.96	/
东北地区	城市数量（个）	/	/	3	2	26	5
	流动人口规模（万）	/	/	340	142	505	/
	流动人口/全国流动人口（%）	/	/	1.19	0.50	1.78	/

我国53.34%的流动人口分布在我国东部地区的106个地级市中，且我国46.41%的流动人口集中在东部地区56个流动人口规模在100万以上的城市；全国5.07%的流动人口分布在东部地区19个流动人口规模在50万~100万的地级市；全国1.98%的流动人口分布在东部地区28个流动人口规模在0~50万的地级市；这些特征显示了我国流动人口不仅集中分布在东部地区，而且集中分布在东部地区流动人口规模较大的城市。

我国中部地区集聚了全国23.22%的流动人口，不过在中部地区88个地级市中，22个流动人口规模在100万~300万的地级市分布着全国10.89%的流动人口；34个中等流动人口城市分布着全国8.93%的流动人口；32个小型流动人口城市分布着全国3.45%的流动人口；这些特征表明，中部地区占很大比例的流动人口集中在大城市，同时一半以上的流动人口分散分布在中小城市。

在我国西部地区132个地级市分布着全国19.96%的流动人口，其中

29个地级市流动人口规模在50万~100万，分布着全国7.14%的流动人口；87个地级市流动人口规模在0~50万，分布着全国5.96%的流动人口；西部地区还有1个流动人口规模在500万以上和1个流动人口规模在300万~500万的城市，这两个城市的流动人口分别占全国流动人口的1.88%和1.06%，这显示了我国西部地区流动人口具有小集中、大分散的分布格局，大部分流动人口分布在中小城市。

东北地区的地级以上城市有36个，分布着我国3.48%的流动人口，其中1.19%的人口分布在3个流动人口规模在100万~300万的城市；0.50%的流动人口分别在2个流动人口规模在50万~100万的城市；1.78%的流动人口分别在26个流动人口规模在0~50万的城市；这些特征显示了东北地区流动人口少，且大量集中分布在少数大城市的特征。

（二）流动人口空间聚类特征

本文基于ArcGIS10.2软件，运用ESDA全局和局部空间自相关分析方法，探讨流动人口的空间聚类特征。我们假设2010年全国流动人口的空间分布是完全随机的，通过计算流动人口全局Moran's I指数估计值和相关指标获知，全局Moran's I指数估计值为0.176，标准差的倍数Z(I)为19.8，P值小于0.001，可以拒绝流动人口空间随机分布的假设，表明一些潜在的空间过程在流动人口空间分布模式的形成过程中发挥着重要作用。为深入揭示潜在空间过程对流动人口分布模式的影响，我们对362个地级市的流动人口数量进行了局部空间自相关分析。分析表明，2010年全国流动人口具有明显的空间聚类特征，表现为高高聚类、高低聚类、低高聚类和低低聚类四种空间聚类类型。高高聚类表示区域自身与周边地级市流动人口规模均较大，二者空间关联性强，具有同步增长的趋势，是流动人口高度聚集区；高低聚类表示区域自身流动人口规模较大，而周边地级市流动人口规模较小，二者空间关联性也较强，呈负相关关系；低高聚类表示区域自身流动人口规模较小，而周边地级市流动人口规模较大，二者空间差异程度大，形成人口规模的凹陷；低低聚类表示区域自身与周边地级市流动人口规模均较低，二者空间关联性弱，是流动人口最稀疏的地区。①

为阐释和探索不同流动人口空间聚集特征的形成原因和未来发展趋势,本文引入著名经济学家缪尔达尔于1957年提出的循环累积因果理论。② 该理论认为,在一个动态的社会过程中,社会经济各因素之间存在循环积累的因果关系。这种循环因果关系将对地区发展产生两种效应:一种是回波效应,即劳动力、资金、技术等生产要素受收益差异的影响,由落后地区向发达地区流动,导致地区发展差异的扩大;另一种是扩散效应,在回波效应的影响下,发达地区生产规模的进一步扩大将变得不经济,资本、劳动力、技术等向落后地区扩散,推动落后地区的发展。经济聚集和人口聚集是客观规律,相较于纽约、伦敦、东京、巴黎等大城市,中国的经济和人口还不够集中。伴随着供给侧改革的不断推进,我国社会经济发展水平将不断提升,经济和人口也将不断向城市,尤其是向一线、二线城市集中。鉴于此,本文认为在未来很长一段时间内,中国的人口集聚将以回波效应为主,扩散效应为辅,并以此为视角阐释和探索不同流动人口空间聚集特征的形成原因和未来发展趋势。

2010年我国流动人口高高聚类地级市有54个,其中49个分布在我国东部地区,5个分布在中部地区。这些地区具有良好的区位条件、先发优势和较强的产业基础,对其他地区具有回波效应,吸引大量流动人口向这些地区集聚。许多研究也表明,东部发达城市地区和其他区域重要经济中心保持着极强的人口集聚能力。③ 许多高高聚类地级市集中连片分布,形成流动人口集聚带。人口的集聚有利于促进城市服务能力、创新能力的提高,为城市经济发展注入活力,而城市社会经济的发展也会进一步推动人口的集聚,因此这些高高聚类区在当前和未来均是流动人口增长较快的区域。

2010年我国高低聚类地级市有2个,分别是重庆和成都。重庆和成都

---

① 蒲英霞等:《基于ESDA的区域经济空间差异分析》,《地理研究》2005年第6期;杨成凤等:《四川省人口分布的时空演化特征研究》,《经济地理》2014年第7期。
② G. Myrdal, *Economic Theory and Under-development Regions* (Gerald Duckworth, 1957).
③ 于涛方:《中国城市人口流动增长的空间类型及影响因素》,《中国人口科学》2012年第4期。

是西部地区自然条件和社会经济基础均较好的城市，成为西部地区社会经济发展的增长极，吸引人口等要素向两地集聚。与高高聚类区集中分布的东部地区社会经济普遍较好的情况不同，西部地区城市之间的社会经济发展差异明显，在人口分布上表现为重庆、成都流动人口规模大，而周边地区流动人口规模小的特征。这种中心和周边差异显著的人口分布特征决定了在未来很长一段时间内，重庆和成都将持续发挥西部地区经济发展增长极的引领作用，成为区域流动人口和其他各类要素的集聚中心。

2010 年我国低高聚类地级市有 5 个，其中 2 个分布在我国东部地区，为山东莱芜和浙江舟山；3 个主要分布在我国中部地区，为安徽黄山和淮北，江西鹰潭。这 5 个地级市周边分布着社会经济相对发达的地级市，成为区域社会经济发展的凹陷区。相较于周边城市，这 5 个城市的社会经济发展基础较差，流动人口规模较小，人口集聚趋势不明显。

2010 年我国低低聚类的地级市有 23 个，其中 3 个分布在东部地区，4 个分布在东北地区，16 个分布在西部地区。这些地区自然条件较差，社会经济比较落后，在空间上形成一个低速增长带，在当下和将来一定时间内，不仅对流动人口的吸引力很小，还存在人口流失的趋势。

整体而言，我国东部地区高高聚类区最多，其次为中部地区，西部地区除重庆和成都外，空间聚类以低低聚类为主，东北地区也以低低聚类为主。这些空间特征表明：我国 4 个经济区域中，以东部地区自然资源禀赋丰裕，区位条件好，社会经济发展水平高，是全国社会经济发展的增长极，在回波效应的作用下，吸引全国人口等要素向东部地区集聚。未来东部地区将继续发挥全国经济增长极作用，吸引人口等经济要素的集聚。

三 我国城市流动人口市民化压力的空间分异

为探讨我国城市流动人口市民化压力的空间分异，本文尝试对不同类型城市流动人口市民化压力进行评估和量化。首先假设不同区域每个流动人口市民化的成本一致，则不同区域流动人口市民化压力与流动人口数量成正比。为此，我们根据每个城市的流动人口规模等级为其改革财政压力进行赋值，人口规模越大，赋值越高（见表2）。

流动人口的集聚特征和集聚趋势，影响着未来区域流动人口的集聚规模。本文根据流动人口的聚类特征和聚类趋势对不同区域流动人口市民化压力进行赋值，使赋值结果具有现实性和前瞻性。前文分析表明，高高聚类区是吸引人口集聚的重要区域，赋值为1；西部两个高低聚类城市是区域人口集聚的中心，也是未来流动人口增长的中心。但是相对于主要集中在东部地区的高高聚类城市而言，其社会经济发展条件相对较差、发展水平相对较低，对人口的集聚力相对较弱，故赋值为0.5；低高聚类区受周边城市较高的人口集聚力的影响，人口增长速度相对较缓，故赋值为-0.5；低低聚类城市人口集聚力较弱，还存在人口流出趋势，故赋值为-1（见表2）。将不同地级市获得的两类赋值相加所得的值，即是流动人口市民化的压力值。利用ArcGIS 10.2软件将获得的压力值关联到对应地级市，获得全国地级市以上行政单位城市流动人口市民化压力的空间分布数据库。我国东部地区市民化压力最大；其次为中部地区；西部地区的东部市民化压力和中部地区相当，不过重庆市和成都市则面临较强的压力；西部地区的其他区域和东北地区的市民化压力总体较小。

表2 城市流动人口市民化压力赋值及压力分级

城市规模	赋值	集聚类型	赋值	压力等级	压力指数范围
>=500万	5	高高聚类	1	强压力	P>4
300.001万~500万	4	高低聚类	0.5	较强压力	3<P≤4
100.001万~300万	3	低高聚类	-0.5	一般压力	1<P≤3
50.001万~100万	2	低低聚类	-1	较小压力	0<P≤1
0~50万	1			无压力	P≤0
<0	0				

具体而言，我国共有14个城市面临流动人口市民化的强压力，其中12个分布在我国东部地区，分别是北京、天津、上海、南京、苏州、宁波、温州、泉州、广州、深圳、佛山和东莞；西部地区有2个，分别为重

庆和成都。42个城市面临较强的流动人口市民化压力,其中37个城市分布在东部地区,5个城市分布在中部地区,东北部和西部地区没有分布。118个城市为流动人口市民化一般压力区,其中东部地区24个,中部地区50个,西部地区36个,东北地区5个。154个地级市为流动人口市民化较小压力区,其中27个分布在东部地区,32个分布在中部地区,79个分布在西部地区,25个分布在东北地区。我国还有34个没有流动人口市民化压力的地级市,其中23个城市分布在西部地区的西藏、新疆、青海、甘肃和内蒙古;6个分布在东北的黑龙江、吉林和辽宁;5个分布在东部地区的海南。

四　结论

本文假设不同区域每个流动人口市民化的成本一致,则不同区域流动人口市民化的压力与流动人口数量成正比。在此基础上以2010年全国362个地级市的流动人口数据为基础,引入空间探索性分析方法和循环累积因果理论,探讨2010年和未来流动人口集聚特征和趋势,进而分析流动人口市民化压力的空间分异,是一种研究方法的创新和尝试。本文得出以下结论。

(1)我国东部地区市民化压力最大,且分布有12个城市流动人口市民化强压力的城市,这些城市分别是北京、天津、上海、南京、苏州、宁波、温州、泉州、广州、深圳、佛山和东莞;37个城市流动人口市民化较强压力的城市;仅24个流动人口市民化一般压力的城市,27个流动人口市民化较小压力的城市和5个没有流动人口市民化压力的城市。

(2)中部地区城市流动人口市民化压力以一般压力和较小压力为主,表现在中部地区没有面临城市流动人口强压力的地级市,有5个城市流动人口市民化较强压力的城市,50个流动人口市民化一般压力的城市和32个市民化压力较小的城市。

(3)除成都和重庆两地面临着流动人口市民化的强压力外,西部其他地级市的流动人口市民化压力总体较小,主要表现在西部地区有36个流动人口市民化一般压力的城市，79个流动人口市民化较小压力的城市和23个没有流动人口市民化压力的城市。

（4）东北地区城市流动人口市民化的压力总体较小，主要包括5个流动人口市民化一般压力的城市，25个流动人口市民化较小压力的城市和6个有流动人口市民化压力的城市。

边疆民族地区自然资源管理中政府与社区的合作*

——基于白马雪山自然保护区社区共管协会的个案研究

张云熙**

摘 要： 长期以来，边疆少数民族地区受到经济落后和生态环境脆弱的双重困扰。那么如何实现边疆民族地区的可持续发展呢？不仅要提高经济发展水平而且要加强生态治理。本研究以云南藏区农村社区中服务于生态环境保护的一个社会组织为研究对象，探索当地政府在自然资源的保护中如何与社区建立合作伙伴关系，形成合作治理模式，既保障了当地村民的生计也实现了环境的可持续发展。

关键词： 社区共管协会 合作 自然资源管理

一 研究背景

自然资源的保护和管理问题本质上是一个合作的问题，传统的自然资源管理理论比较悲观，认为人们不能合作，"公有地的悲剧"理论、"囚徒困境"模式以及集体行动的困境学说都论证了这个问题。沿着传统的理论，人们要想保护好生态环境，要么依赖市场，要么依赖政府的强制管理

---

* 本文系国家社科基金西部项目"云南藏区农村社区社会组织调查研究"（13XSH011）的阶段性成果。
** 张云熙，云南省社会科学院农村发展研究所助理研究员。

手段。这种方式通常由政府单方面规划和执行，重点突出对保护区内自然资源的保护，忽视了对社区生产、生活所必需的自然资源的合理利用，造成社区生计与自然保护的矛盾日益尖锐。[①]为改变这种状况，需要建立多元化、多层次的管理体系，取代过去一元化的方式，即社区共管由政府和社区"共同管理"。

社区共管作为一种新的资源管理模式，是20世纪80年代末期由国际活体水资源管理中心和国际渔业管理组织发起的。20世纪90年代初期在全球环境基金的资助下，社区共管的理念和方法开始用于我国的国家级自然保护区中。

本案例就是以云南白马雪山国家级自然保护区德钦管理局下辖的霞若管理站在霞若乡建立的社区共管协会为例，调查了解了共管协会在自然资源管理工作上开展的活动状况，分析政府与社区是如何建立合作关系的，通过共管协会这一中介组织，在自然资源管理方面取得了哪些成效。

二 调查社区基本情况

（一）白马雪山自然保护区基本情况

云南白马雪山国家级自然保护区（以下简称保护区）位于云南省迪庆藏族自治州德钦县和维西县境内。处在青藏高原向云贵高原过渡接触地带，保护区的自然地理环境及生物资源十分丰富，拥有珍稀植物24种，哺乳类动物100种，记录鸟类246种，还是中国面积最大的滇金丝猴国家级自然保护区，被称为"寒温带高山动植物王国"。[②]

保护区地跨九个乡（镇），即：德钦县的升平镇、奔子栏镇、霞若乡，维西县的巴迪乡、叶枝乡、康普乡、白济汛乡、攀天阁乡和塔城镇，总面

[①] 曹爱军：《白水江自然保护区参与式社区共管调查研究》，《前沿》2008年第8期，第20页。
[②] 白马雪山国家级自然保护区管理局编《云南白马雪山国家级自然保护区管理规划》，2013，第7页。

积281640公顷。① 案例所调查的协会位于德钦县霞若乡，辖区总面积为130408公顷，其中核心保护区为66538公顷，缓冲保护区为32783公顷，试验区为31089公顷。共有7个村委会，91个村民小组，214个自然村，1926户，8310人。其中，保护区内有5个村委会，58个村民小组，1102户，5078人。②

（二）社区共管协会的基本情况

白马雪山自然保护区霞若乡社区共管协会是在白马雪山国家级自然保护区德钦管理局的推动下，由霞若乡的各么茸、施坝、粗卡通3个行政村共同发起，于2007年在德钦县民政部门正式登记注册的社会组织。协会下设理事会、监事会、会员代表大会以及3个共管小组。其中理事长1名由保护区德钦管理局的相关工作人员担任，副理事长4人，1人由保护区霞若管理站工作人员担任，其余3人由以上3个社区选出的村民担任。监事会3人，均由3个行政村选举的村民担任。为了便于工作的展开，协会在3个行政村设立了共管小组。调查了解到，共管小组主要建在缓冲保护区的村民小组中。比如，各么茸村委会的共管小组主要包含了里丁玛、各么茸、合不杰三个村民小组。协会的主要活动也就在这三个共管小组所辖的村民小组中开展。活动内容主要包括：农田基本建设、基础设施建设、农村经济建设、自然资源的合理利用及管理、农村实用技术培训等。

协会从2007年建立至2015年，先后接受了各类国际环保发展项目以及国家开发、扶贫、新农村建设项目的资助，特别是全球环境基金（GEF）、世界自然基金会（WWF）、大自然保护协会（TNC）等机构在当地开展了能源保护、生计替代、农村环保教育等方面的活动。

---

① 白马雪山国家级自然保护区管理局编《云南白马雪山国家级自然保护区管理规划》，2013，第12页。

② 白马雪山自然保护区官方网站：http://www.ynbmxs.cn/index.php。

三 社区共管协会合作实践

(一) 能源保护示范项目

为了减少对森林资源的消耗,协会引导村民开展了使用节能技术和替代能源的项目。能源保护的项目从2008~2010年在各么茸村委会的共管小组实施。该项目受全球环境基金(GEF)和大自然保护协会(TNC)支持,共投资20万元资助里丁玛和合不杰村民小组的部分村民修建太阳能热水器。

2009年由香格里拉学会资助施坝管理小组的同中林村民小组开展了"木改瓦"的工程,即用石棉瓦代替木头建盖牲畜棚。整个项目覆盖了同中林的所有农户,资助方向每户提供60平方米的石棉瓦,村民投工投劳,牲畜棚建好后,协会和项目出资方共同验收合格后给予每户400元的奖励。

此外,协会还开展了推广节能灶、沼气池建设等项目。经过调查了解到这些项目的实施减少了30%~50%的木材使用,让农户从繁重的捡拾薪柴劳动中解放出来的同时改善了社区环境,深受村民的喜爱。

(二) 生计替代项目

地处保护区内的施坝村,在保护区建成以前是当地主要木材的采伐基地,砍伐木材是村民的主要经济收入,因此,村民对森林资源的依赖性特别强。保护区建成后,一下切断了村民的经济来源,村民的生活陷入贫困,很多村民进入保护区内偷伐林木和盗猎,给保护区的管理工作带来了极大的困难。针对保护区管理和社区村民的生计问题,协会与香格里拉学会合作,在这里开展了生计替代项目。邀请专家在社区举办种植技术和养殖技术的培训,使农民掌握科学的种养技术。另外,还帮助村民购买中药材的种苗,协助村民种植经济效益高的中药材。在施坝村委会的同中林小组,协会对愿意种植桔梗的村民发放种苗,聘请种植能手对农户进行田间指导,待收获后由农户自行销售,协会给予每户500元的种植补贴。此外,协会还为村民提供了磨面机、饲料加工机等设备，为村民的生产生活带来了极大的方便。

（三）保护教育活动

在环境保护教育方面协会邀请了保护区的动植物专家走进社区开展"保护野生动物宣传周""植物识别竞赛"的活动。协会在社区建立了社区学习中心，通过设置宣传栏，播放影像资料，发放宣传手册等形式向村民宣传生物多样性保护的重要性和必要性。中心还定期开展巡山护林知识培训，教会村民在巡山过程中如何识别动植物，如何用仪器记录动物的活动轨迹，在巡山过程如何应对偷伐盗砍的现象，如何及时处理森林火情等技能。协会还走进学校，开展观鸟的活动，保护河流的活动等。

协会采用不同的形式对不同人群开展环保知识的教育，提高村民的环保意识，增进了村民对保护区价值的理解和参与自觉性。

（四）巡山护林活动

在自然资源管理方面，社区协会下辖的每个共管小组都建立了自己的巡山队伍。以施坝村同中林村民小组的巡山队为例，该巡山队成立于2009年，主要由村民共同选举的森林委员负责。

同中林村民小组的19户人家被分成了6个小队，每个小队3户人家，除森林委员外其余的18户按照居住位置轮流巡山。巡山队还制定了巡山制度，规定每个小队巡山周期为一周（7天），上一小队巡山完成后将巡山记录本交给第二小队，以此类推。在巡山过程中，村民要填写巡山记录表，主要包括用照片和标本记录巡山过程中所见的动物、植物，还要记录在巡山过程中是否发现火情和偷砍盗伐的现象，村民是如何应对处理的。每3个月协会派负责人检查记录的情况，完成一年的巡山工作后，协会将所有的巡山队进行评比，成绩优秀的巡山队可获得1000元的奖励。

施坝村的森林委员表示："在协会没有介入巡山工作以前，尽管社区内有自己的巡山制度，但是村民的积极性不高，经常相互推脱忘记巡山，巡山的工作主要由我一个人完成，工作量很大。自从协会介入巡山工作后,村民们巡山的积极性大大提高了。"为了了解其中原因我们访谈了不少村民,有村民说:"协会在社区做了很多公益活动,给了我们那么多项目,我们自然应该支持人家的工作,作为回报。"村民还说:"协会开展了很多关于环境保护的活动,让我们认识到保护环境的重要性。如果森林被破坏的话,我们从哪里捡松茸?没有松茸收入就会减少的,所以要巡山保护好森林","只有山好水好,住在这里的人才会长寿的。"

白马雪山自然保护区能够保留完好的生物多样性,很大程度上取决于协会的成立,通过政府与社区的合作共管,实现了资源共享、利益共享、责任共担。

四 共管协会中政府与社区的合作

从霞若乡共管协会的实践中可以看出,协会通过与政府、NGO组织、普通村民建立了长期合作伙伴关系,让保护区管理局与社区村民在资源保护与利用上的敌对关系得到改变,让村民成为资源保护的重要力量,而且双方合作的方式和范围还有不断扩大的趋势。

调查了解到,保护区管理站与社区村民的合作的建立并非一蹴而就,而是经历了长期互动磨合才达成的,在这其中合作的基础、合作形式、合作机制的建立,成为达成合作的重要因素。

(一)合作的过程

2007年在保护区管理局项目办、霞若乡管理站,施坝、各么茸、粗卡通等三个村委会的社区村两委工作人员,以及在缓冲保护区内的村民小组民主选举出的村民代表共同参与下,共管协会正式成立。为了体现共同参与、相互协作、互相合作的共管理念,协会的理事会、监事会成员均由保护区管理局工作人员和社区村民共同出任。协会充分赋权于村民,共管协会所属的共管小组的负责人均由村民担任。机构建设完成后协会和保护区管理局制定协会发展的目标。

此后,协会与村民小组运用参与式方法对所辖社区的基本概况、资源分布状况、自然资源利用、矛盾冲突等方面进行了调查。在了解社区基本情况和社区需求的基础上，协会在保护区管理局和NGO共同支持下开展了合作项目。

（二）合作的形式

合作的形式大致可分为两种类型，一类是经济性合作，另一类是事务性合作。经济性合作主要是保护区管理局将NGO资助的项目通过协会为村民提供经济扶持。比如，在保护能源方面给修建太阳能热水器的村民一定的经济补助；在生计替代方面免费为村民提供种苗、肥料等。事务性合作主要涉及社区内部公共事务的决议和公共设施的建设。比如，对于巡山制度安排，在社区内开展的相关培训等活动，这些往往会超出村民小组的边界，需要小组与小组之间的合作来完成，要协会出面协调。

根据合作时间的长短可以分为短期性合作和长期性合作。类似能源保护、生计替代都是短期性合作，这些活动都是以项目的形式开展，周期较短。像能源保护项目中的太阳能热水器建设，主要是2009年前后实施的，近年来这些项目已经停止了。长期性合作通常时间较长、规模较大。主要包括巡山护林活动、自然资源保护的宣传活动等。

（三）合作的机制

在整个合作共管的过程中，为了实现不同主体间稳定持续的互动，需要建立合作的机制来确定不同主体间的地位，开辟主体间的沟通路径和驱动合作的发生与变迁。调查发现，协会通过建立协商对话机制、信任机制以及共享机制来维持合作。

1. 协商和对话机制

为了改变以往"政府一言堂"的局面，保障协会的有效运作，在村民和保护区管理局之间建立了协商对话机制。让村民代表与保护区工作人员在面对面的对话中，建立平等、信任的关系，进而形成一种固定的沟通机制。比如，在进入社区开展项目之前，保护区管理局、项目资助方和协会都会采用参与式的调查方法，通过PRA工具，采取小组访谈来获得村民需求的第一手资料。在访谈的过程中,村民要亲手绘制社区的资源图,进一步明确社区的资源状况,通过矩阵打分的形式确定社区的主要需求、限制因子等问题,为项目活动筛选村庄提供信息资料。在整个过程中,村民、协会成员、项目资助方、保护区工作人员在面对面的对话过程中达成共识,最终确定项目的实施方案。

在对同中林村民小组的调查中我们深刻体会到了协商对话机制所带来的好处。协会通过调查获悉,同中林村民小组的村民过去如果要将青稞、玉米等磨成粉,都要背着重重的货物走40多里山路才能到磨粉的地方。为解决这一问题,协会向香港乐施会申请了价值6000元的磨面机和粉碎机各一台。但是资助的机器放在哪里成了难题,一开始村民争执不休,都期望机器放在自己家至少放在距离自家近的地方。后来村民与协会通过参与式的方式,最终决定将机器放在同中林片区的李华家。达成这一共识的原因是:通过画社区图村民认为,同中林片区位于整个小组的中部,无论是下片的下家龙片区还是在上片的阿卡米片区和卡夺片区走大约相同的路程都可以到达,这样对这两个片区都很公平。之所以放在李华家,村民认为:"李华是共产党员,年轻有文化,平时愿意帮助其他人,而且会种地能挣钱,机器放在他们家村民很放心。"此外村民们还提出,每次用机器都会耗费李华家的电费,于是提出给李华相应的经济补助。通过协商对话,打破僵化的沟通障碍。

2. 信任机制

信任关系经常被描述为协作的本质,合作过程不仅是各主体之间的对话,而且更为重要的是基于这种对话机制建构的一种信任关系。[①] 特别是在合作主体相对陌生或是高度对立的状态下,再加上相应的立法保障缺失的情况下,参与者更应寻求建立信任的途径。

在保护区与社区建立信任关系这一问题上,主要通过协会这一中介组织,发挥协会中社区能人的影响力、让村民的需求得到切实满足等方式建

[①] 黄桂婷、李春城:《合作治理主体间互动机制研究——以宁波市立邦社区为例》,《中共杭州市委党校学报》2014年第1期,第28页。

立了彼此之间的信任。

例如，在生计替代项目上如何让农户放弃原有的种植品种，抛开原有的种植习惯，碰到这些问题时，要寻求合适的人去做沟通。森林委员、村民中威望高的能人，往往成为建立信任的"桥"。在各么茸村里丁玛小组开展的生计替代项目上，协会期望村民能够种植一些经济效益较高的中药材来替代部分传统作物，提高村民的经济效益。起初村民担心种植的药材卖不出去或是种坏了，会带来经济损失的。于是协会动员村民中的药材种植能手龙青，让他去说服村民尝试性的种植药材。由于龙青的现身说法，村民在协会的支持下开始种植药材。

此外，开展社区活动、专业培训也是建立信任的手段。协会通过开展大量社区活动与专业培训，调动起村民参与公共事务的热情，也促使村民与协会和保护区管理站工作人员共同构建出社区未来的愿景。在此过程中，社区成员之间也建立起了认同型信任。一些村民表示："在培训和参与活动中，人与人之间的感情更近了，对彼此的偏见减少了，懂得信任、包容和关心。"

3. 共享机制

共享机制在合作共管主体间的互动机制中处于核心地位，是合作主体就资源分配进行博弈以达到均衡的过程。其中权力共享是合作治理中最为关键的内容。政府与协会、政府与村民间建立的合作，本质上是权力向社会的让渡。① 那么如何实现权力的让渡，即让权力的接受方有能力、资源、意愿来行使权力，又能让权力的让渡方放弃本身的权利，其动力在于权力背后的利益驱动。②

从调查的情况来看，从协会成立以来，政府基本上不直接参与社区自然资源的管理，通过政府授权，协会基本上实现了权力共享。无论是在协会机构的设置，还是在项目的具体实施过程中，保护区管理站都充分赋权

---

① 黄桂婷、李春城：《合作治理主体间互动机制研究——以宁波市立邦社区为例》，《中共杭州市委党校学报》2014年第1期，第28页。
② B. Gray, *Collaborating: Finding Common Ground for Multiparty Problems* (San Francisco: Jossey—Bass, 1989).

给协会，让当地村民参与其中。比如，在巡山制度的安排上，在确定了基本原则后，是由各村民小组自行决议各自的巡山方式，有的小组采用抽签的方式，有的小组则按照花名册的顺序，对于不参与巡山处罚办法，各小组也有不同的惩罚措施。通过赋权让村民的自主性得以发挥的同时让村民的个体权利得以尊重。而且通过放权，既保护好了资源又缓解了保护区管理站与社区的矛盾。

除了权力的共享外，利益的共享也是关键因素。当人们在共管中获得的利益能得到满足时，村民才会愿意加入社区资源的共管和建设中。从协会的经验来看，要让村民参与自然保护的管理，政府必须给予额外的激励才能进一步稳定合作关系，使合作治理持续进行。解决问题的办法就将保护区和社区的发展目标统一起来，以村民的利益为中心，多方共赢，实现相互之间的广泛合作。比如，保护区管理站通过自身的资源优势引入了NGO参与社区的建设，让协会与NGO合作，资助村民修建太阳能热水器，既节约了村民的时间和劳力成本，又减少了使用薪柴的数量，在生活能源上降低对森林资源的依赖。通过培训和奖励的方式规范了巡山护林的活动，让村民长期自觉的参与自然资源的保护。保护区管理站通过协会在社区内发展生计替代的项目，为村民购买良种牦牛、种猪，选择农户饲养和管理，以扶持养殖业的形式滚动发展经济。此外还开展种植技术培训，现在农户的粮食产量比之前提高了两倍，村民表示："通过试验示范，如今才知道如何科学种田，怎样才能多打粮食。"通过项目的实施，村民得到实惠，也降低了森林资源的消耗，实现互惠双赢。

五 合作的成效

协会的成立改变了过去保护区只是简单的与自然村的干部合作共管的模式，而是让更多的村民参与到社区自然资源的管理中，实现政府与社区村民的真正合作。协会负责人斯那次里告诉我们："社区与保护区的矛盾不仅仅是生态保护与社区生计的矛盾。还有自然村之间由于资源配置所带来的冲突。有些矛盾仅仅依靠保护区管理局是难以解决的，因为我们毕竟是外来群体,而协会的成立可以更好协调自然村之间的利益关系,而且村民也可以用本土知识和办法来处理矛盾,达到人与人、人与自然的和谐共处。"

协会的建立,不仅化解了矛盾,还提高了管理的效率,降低了管理的成本。当地村民所需要的资金、技术、信息等许多资源在协会的协调下都可以从其他机构或者个体获得。而保护管理工作中所缺乏的人力资源、社区信息资源等可由社区提供。由此双方通过资源的互换互补,既提高了管理的效率,又减低了管理的成本。

边疆史地

浅述中国历代边疆史地丛书的价值及其整理

李勇先　张保见*

摘　要：中国历代边疆文献著述丰富，尤其是明清时期，边疆研究成果更加突出，甚至出现了一批将历代边疆文献加以汇编的边疆史地丛书。历代边疆史地丛书可分为专门性边疆史地丛书和包含众多有价值边疆文献的丛书两种。历代边疆史地丛书涵盖所有边疆问题的相关史料，价值高，资料集中。四川大学历史地理研究所致力于中国历代边疆史地文献的整理与研究，并取得重要成果。

关键词：边疆　史地　丛书

中国自古以来就是一个统一的多民族国家。尤其是秦、汉、隋、唐、元、明、清时期，中华民族不断开疆拓土，形成了今天幅员辽阔的疆域，它是统一多民族国家长期发展的历史产物。中国著名历史地理学家谭其骧先生在《对历史时期的中国边界和边疆的几点看法》中指出，"中国历史上的秦、两汉、隋、唐、元、明、清这些朝代，都是基本上实现了全国统一的时期，是中国历史发展的主干，这些时期的疆域，也是确定历史上中国疆域范围的主要标志。"谭先生在《历史上的中国和中国历代疆域》中进一步指出："我们既不能以古人的'中国'为历史上的中国，也不能拿今天的中国范围来限定我们历史上的中国范围，我们应该采用整个历史时期、整个几千年来历史发展所自然形成的中国为历史上的中国。我们认为十八世纪中叶以后，一八四〇年以前的中国范围是我们几千年来历史发展

---

* 李勇先，四川大学历史文化学院副教授；张保见，河南大学历史文化学院副教授。

所自然形成的中国,这就是我们历史上的中国。至于现在的中国疆域,已经不是历史上自然形成的那个范围了,而是这一百多年来资本主义列强、帝国主义侵略宰割了我们的部分领土的结果,所以不能代表我们历史上的中国的疆域了。"①

一 中国历代边疆文献成果丰富

中国边疆史地研究历史悠久,成果丰硕,正史民族传、外国传,边疆游记、见闻录、行程记等历代不辍。明代,边疆问题突出,以亲身经历为特征,研究边疆问题的边疆史地成果较前代突出。这一趋势在清代更为显著。许多边疆大吏和谪戍官员撰写了不少边疆史地著作,颂赞国家一统和文治武功。如乾隆时期地理学家袁枚在为另一位地理学家齐次风所作《墓志铭》中写道:"国家疆域恢宏,乌喇、巴哈,俱置侯尉,又新开伊犁,诸臣奉使者,辄先诣齐侍郎家问路。公与一册,某堠某驿,应宿何所,需若干粮,数万里处,若掌上螺纹,毫忽无讹。或曰:'曾出塞乎?'曰:'未也!''然则何由知之'曰:'不过《汉书·地理志》熟耳'。"②从中可以看出随着清朝疆域的扩大和国家对疆界堪定、管理的需要,清代乾嘉时期,边疆史地学已成为时代发展的迫切需要。这一时期,出现了许多有影响的边疆地理著作。

鸦片战争之后,近代主权国家观念传入中国,并逐渐为国人所接受。此一时期,中国的民族关系发生了质的变化,中华民族同外来侵略势力的斗争和救亡图存成了中国民族关系的主线。这一切都是从边疆开始,先是东南沿海和西藏边疆危机,进而延伸发展为整个中华民族危机。中国边疆问题在民族、宗教问题之后,又加入了域外势力插手这样一个问题。

晚清时期,中国内忧外患加剧,边警接踵而来,庸臣充斥朝廷,贪吏遍布边陲,多数官员对边疆史地茫然不知。与外国边界交涉,多为庸臣所

---

① 谭其骧:《历史上的中国和中国历代疆域》,《中国边疆史地研究》1991年第1期。
② (清)袁枚:《小仓山房文集》卷二五,上海读易堂书局排印本,民国十年。

误，西方列强发动战争，迫使清政府签订一系列不平等条约，掀起了瓜分中国的狂潮。许多仁人志士抛头颅、洒热血，为民族危亡奔走呼吁，忧国忧民，变法维新。灭国亡种的严峻现实逼迫官员、士大夫们研究边疆史地，以解决日益严峻的边疆危机，唤醒民众关注国家边疆安全，经世致用思潮骤然复活，沛然有不可遏之势，此风至清末不衰。由于时代需要，史学与舆地学由注重考古转而注重研今，由注重内地转向注重边陲和域外。故梁启超先生说："盖道光中叶以后，地理学趋向一变，其重心由古而趋今，由内而趋外。"边疆史地学勃然兴起，"一时风会所趋，士大夫人人乐谈，兹学遂成道光间显学"，[①] 其显著者有沈垚、张穆、俞正燮、姚莹、龚自珍、魏源、何秋涛、洪钧、李光廷、曹廷杰等饱学之士，边疆史地学人文蔚起，卷帙繁富，制作炳然，遂成显学，在清廷对边疆事务管理中，边疆史地学发挥了前所未有的作用。

20世纪前半叶，在全民爱国救亡运动中，中国地学会、禹贡学会、华西边疆研究学会等学术机构纷纷成立，相继出版了一批中国边疆史地研究丛书。这一时期，许多有影响的边疆地理研究丛书也陆续问世，如金匮浦氏编《皇朝藩属舆地丛书》，胡思敬编《问影楼舆地丛书》，吴丰培、顾廷龙编校《边疆丛书甲集》《边疆丛书续编》等，成为当时具有代表性的边疆史地研究成果。

二　中国边疆史地丛书及其价值

丛书自南朝隋唐发轫，两宋成形，逐渐规范于明，至清代而盛，以其体例丰富，形式多样，编撰灵活，收书众多，为保存古籍，传播文化，发展学术起了重大作用。一些重要史地名籍，如《元朝秘史》《落帆楼文集》等，实由丛书的收入刊刻才得以流传。清代后期，学者们越来越意识到丛书的重要作用。张之洞曾说："丛书最便学者"，"欲多读古书，非买丛书

---

① 梁启超：《清代学者整理旧学之总成绩（三）》，《中国近三百年学术史》，东方出版社，1996。

不可。"缪荃孙也认为："至丛书之刻，在艺苑已为末事，然萌于宋，绳于明，极盛于我朝，乾嘉之间，大师耆儒，咸孜孜焉弗倦，校益勤，刻益精，藉以网罗散佚，掇拾丛残，续先哲之精神，启后学之涂轨，其事甚艰，而其功亦甚巨。"

我们注意到，在历代众多丛书中，有许多关于边疆史地内容的文献。这些丛书大致可以分为两类：一类是专门的边疆地理丛书，如上面提到的《皇朝藩属舆地丛书》《边疆丛书甲集》等；另一类是收录有关边疆地理文献的综合性丛书，如《学海类编》《龙威秘书》《守山阁丛书》等，这些边疆地理文献在研究我国边疆史地方面都具有十分重要的学术价值和史料价值。

（一）专门的边疆地理丛书及其价值

自明代以来，有关我国边疆历史地理以及域外史地的丛书众多，现存的就有二十余种。如《郑开阳杂著》，（明）郑若曾撰。郑若曾，号开阳，昆山人，明嘉靖初贡生。少师魏校，又师湛若水、王守仁，与归有光、唐顺之亦互相切磋，佐胡宗宪平倭寇有功。著述皆以其阅历为根基，思考时事，是我国较早关注海防事务的务实学者。四库馆臣评其著述："江防、海防形势，皆所目击，日本诸考，皆咨访考究，得其实据，非剽掇史传以成书，与书生纸上之谈固有殊焉！"可谓实录。清康熙时期，其五世孙起泓及子定远汇聚郑若曾著述而成一编，是为最早汇刻本。《名臣宁攘要编》，（明）项德桢订，（明）项鼎铉补，明刻本。项德桢，字庭坚，嘉兴人，明万历进士。项鼎铉，字梦璜，德桢子，明万历进士。是编所收皆为明代边疆用兵史著，作者如田汝成、高拱、茅坤等大多为亲历者或著述名家。《万载李氏遗书》，（清）李荣陛撰。李荣陛字奠基，号厚冈，万载人，清乾隆进士，历官永兴、呈贡知县，任大理书院山长。嗜学博书，经历丰富。所选四种，在考订《禹贡》山川，尤其是长江源方面条理分明，其中有关边疆史地方面的内容相当丰富。《小琉球漫志》，（清）朱仕玠撰。朱仕玠字碧峰，号筠园，清乾隆拔贡，官德化、尤溪县教谕。小琉球，即台湾。本书据朱仕玠任台湾省凤山县教谕时的经历见闻所著，共分六类，备述行程、山川、风土等。《祁韵士著述五种》《伊犁三种》《镇抚事宜》以及《西域三种》，分别为清代戍边名臣祁韵士、松筠、徐松所撰，所述以新疆和西藏事务为主，兼及其他边地，三人皆久历边地，熟悉疆、藏，所著多务实，少空言，向为研治新疆、藏区的必备参考书。《李氏五种合刊》，（清）李兆洛撰。李兆洛字申耆，学者称养一先生，武进人，清嘉庆进士，官凤台知县，长于沿革地理。所选五种，均为李氏地理名篇，《历代地理志韵编今释》尤知名。《他山之石》，（清）魏源等撰。魏源是邵阳人，关注中国边疆及世界问题，较早意识到俄、英对于中国西北、东南边疆的威胁，为传统知识分子中较为难得的具有世界眼光者。所选内容涉及中国西藏、俄罗斯、英国等地。《舟车所至》，（清）郑光祖辑。郑光祖是常熟人，字企先，号梅轩，又号青玉山房居士。一生经历恰逢由盛转衰的清乾隆、嘉庆、道光、咸丰、同治五朝，十几岁即陪同父亲任官云南。本次所选《朝鲜志》一种作者为明朝人，其余全系清代学者所著游记性质的边地著作。《北徼汇编》，（清）何秋涛辑。何秋涛字巨源，号愿船，光泽人，清道光进士，留心北疆事务，有感于诸书所述多零落未备，遂汇而成编，所选皆为蒙古、东北、俄罗斯事。《顺德李氏遗书》，（清）李文田撰。李文田字仲约，号药农，顺德人，清咸丰进士，官至礼部右侍郎。以在广州筑泰华楼，搜罗清初所禁毁的明朝人文集和西北史地之书而闻名。《得一斋杂著四种》，（清）黄懋材撰。黄懋材字豪伯，上高人。是编所收为光绪初年奉命游西藏、印度闻见考校之作。《浙江图书馆丛书》，（清）丁谦撰。丁谦字益甫，仁和人。是编所收内容可分为正史、外国传、民族传地理考证，以及历代边疆民族地区游记地理考证。《小方壶斋丛钞》，（清）王锡祺辑。王锡祺字寿萱，淮安人。是编荟萃历代边疆游记和域外史地著作。《鄮郑学庐地理丛刊》，（清）施世杰辑，施世杰是清末绍兴人，施氏曾亲赴内蒙古实地考察。所收为施氏自作及李文田著述，均有较大价值。《皇朝藩属舆地丛书》，（清）浦氏辑，遵循清代版图汇辑边疆史地专著，所收各书集中在西南、西北、东北、蒙古等地，多针对俄、英等国侵略和觊觎地区。《问影楼舆地丛钞》，（清）胡思敬辑。胡思敬字漱唐，号退庐，新昌人，清光绪进士，官辽沈道、广东道监察御史。所选每种书前均有跋语，部分附有校勘记。《西域舆地三种汇刻》，（清）徐崇立辑。徐崇立字健实，号兼民，长沙人，官内阁中书，民国时官行政院秘书。所选三种涉及新疆道里、边界及帕米尔问题。《地学丛书》，（民国）中国地学会编，成立于1909年，1933年改名为中国地理学会。所选内容以蒙古事务为主。《边疆丛书》（甲集），（民国）禹贡学会辑，由顾颉刚先生等发起成立于20世纪30年代中期的历史地理研究组织，被视为中国近代历史地理学形成和确立的标志。所选内容涉及西域、西藏、敦煌等边疆区民族、政治、经济、文化等方面内容。《边疆丛书续编》，（民国）吴丰培辑。吴丰培字玉年，吴江人，近当代著名边疆史地专家，是编在抗战前后期间编成，主要涉及新疆事务。

（二）综合性丛书中有关边疆地理文献及其价值

除专门的边疆和域外历史地理丛书以外，还有几十种综合性丛书也收录了不少有关边疆和域外历史地理的著作，同样具有重要的史料价值。如《纪录汇编》，（明）沈节甫编。沈节甫字以安，乌程人，明嘉靖进士，官至工部左侍郎。读书采嘉靖之前诸家杂记120余种而成，内容极为庞杂。其中有40余种均为明代边疆史地著作，多为罕见之书。《学海类编》，（清）曹溶辑，门生陶越增订。曹溶，字洁躬，号秋岳，嘉兴人，明崇祯进士，官监察御史。入清，官至户部侍郎、广东布政使。是编裒辑唐宋以至清初430余种著述而成，所辑各书多有不见于其他丛书的罕见本。其中14种为两宋以来历代边疆著述。《龙威秘书》，（清）马俊良辑。马俊良字嵰山，清乾隆进士，嘉兴人，官内阁中书，家富藏书，学识广博。是编共十集，收书170余种，多为当时世所罕见本，其中20余种著作内容涵盖东北、西南、东南及域外地理内容。《借月山房汇钞》，（清）张海鹏辑。张海鹏字若云，常熟人，醉心学术，不乐仕进，喜刻书，所出《学津讨原》《墨海金壶》为明清丛书精品，认为："藏书不如读书，读书不如刻书。读书益己，刻书益人。"是编共收书130余种，专选明、清两代人著作，其中5种属于边疆地理方面的著作。《守山阁丛书》，（清）钱熙祚编辑。《指海》，（清）钱熙祚辑，（清）钱培让、（清）钱培杰续辑。钱熙祚，字锡之，号雪枝，金山人，清嘉庆、道光间人。热衷公益，家富藏书，多刻书。以张海鹏《墨海金壶》虽秘本较多，但编选未当，且旧版已毁，流传较少，于是尽出藏书，会同友朋，反复雠校，几十易寒暑，收书100余种梓成《守山阁丛书》，其中6种涉及宋、元、明三代作者有关西南、西北及域外著述。钱氏又感于《借月山房汇抄》旧版零落，遂增补新书，仿《知不足斋丛书》例，并在二子培让、培杰努力下，先后辑刻精品小书《指海》十二集，向为世人所重。其中12种以亲历所记边疆地理内容为主。《连筠簃丛书》，（清）杨尚文辑。杨尚文字墨林，灵石人。书刻成于清道光、咸丰间，收书16种，所收均为前代秘籍和时贤名作，刻印精良，其中三种与边疆地理有关。《榕园丛书》，（清）张丙炎辑。张丙炎字午桥，号榕园，仪征人，清咸丰进士，历知廉州、肇庆府。所收录的4种文献，唐人著述辑本1种，元人边疆游记2种，清人西藏1种。《陶庐丛刻》，（清）王树楠撰，清光绪元年刻本。《陶庐丛书》，（清）王树楠撰，门人谢道弘辑，民国初年聚珍仿宋印书局排印。王树楠，字俊卿，号陶庐，新城人，清光绪进士，历官新疆布政使。其中6种均为有关新疆方面的著述。《烟画东堂小品》，（清）缪荃孙辑。缪荃孙字炎之，江阴人，清光绪进士，一生著述、刻印甚多，其中4种为清人边疆史地考订之作。《麓山精舍丛书》，（清）陈运溶辑。陈运溶字子安，号芸畦，善化人，毕生致力于辑录以湖南为主的舆地文献，编成是书，其中3种皆为陈氏自撰。《古海国遗书钞》14种，11种所辑为魏晋作品，一部唐人著，陈氏自撰两种，采自陈氏刻《麓山精舍丛书》第二集。《灵鹣阁丛书》，（清）江标辑。江标字建霞，号萱圃，苏州人，清光绪进士，官湖南学政，热衷西学，所编丛书有5种为清人有关西域、蒙古等地作品。《渐学庐丛书》，（清）胡祥鑅辑。胡祥鑅苏州人，字邵介，清光绪进士，官商部郎中。所编丛书中有7种涉及中越边境、帕米尔、东北、西北各地内容，为是编精品。《质学丛书》选4种，（清）武昌质学会辑，为清光绪二十三年（1897年）成立于武昌的维新团体，"意在劝学，务崇质实"。该丛收有4种涉及中俄边界、帕米尔问题的著述。《知服斋丛书》，（清）龙凤镳编。龙凤镳字柏鸾，号澄盦，顺德人。该丛书涉及边疆地理的有4种，包括辑本2种、东北1种、中外交通1种。《通学斋丛书》，（清）邹凌沅辑。邹凌沅字淑澄，高安人，凡收书50余种，融括中西学术，在清末民初，影响较大，其中有3种与边疆地理有关，均为清人著述。《观堂译稿》，《海宁王忠悫公遗书》第三集，《观堂集林·史林选编》，（民国）王国维撰。王国维号观堂，海宁人，近代标志性学者之一。其中有数种均为作者有关边地、民族方面的译著。《关中丛书》，（民国）宋联奎辑。宋联奎字聚五，西安人，近当代陕西知名士绅。是编所选均为陕西人或书陕西事的著述，其中5种涉及新疆、陕西、甘肃等地内容。《玄览堂丛书》初集及续集，（民国）郑振铎辑。郑振铎长乐人，近当代著名学者。是编共三集，凡收元、明史部著述67种。其中有30余种为边疆地理著述。

三 边疆史地文献整理的新进展

近年来，四川大学历史地理研究所有鉴于我国边疆地区面临传统边界纷争、地缘政治角力等错综复杂的国际形势，深感以"东突""藏独"等为代表的恐怖势力、民族分裂势力和宗教极端势力以及域外势力对中国边疆安全、稳定与发展造成的严重威胁和挑战，致力于加强对边疆史地文献的整理与研究，在学术界已经取得成果的基础上，进一步推陈出新，除已经出版的《中国西南地理史料丛刊》外，即将在2018年底前出版的还有《中国西部边疆地理珍本文献汇刊》《日本藏中国西南地理珍本文献丛书》《日本藏中国西北地理珍本文献丛书》《大唐西域记珍本汇刊》等，都是有关中国西北和西南边疆史地方面的著作，而即将在上海科技文献出版社、巴蜀书社、上海交通大学出版社、南京师范大学出版社出版的《中国历代地名文献集成》《中国历代地理总志珍本文献汇刊》《中国海上丝绸之路历史文献丛书》《古丝路旅游文献辑佚与整理》中有不少关于我国边疆史地方面的内容。而此次整理、即将出版的《中国边疆地理珍本丛书汇刊》第一次对我国历代有关边疆史地丛书进行系统搜集和整理，共收录各类丛书47种，子目400余种，范围包括陆疆和海疆，部分涉及域外地理内容，就是希望通过对这些边疆史地文献的整理与研究，以期充分吸取历代治边安疆良策，为当代边疆治理和"一带一路"倡议实施提供有益借鉴。

参考文献

（清）袁枚：《小仓山房文集》，清乾隆年间刻本。
（清）张之洞：《书目答问》，《国学基本丛书》本。
（清）缪荃孙：《缪荃孙全集》，凤凰出版社，2014。
梁启超：《中国近三百年学术史》，东方出版社，1996。
谭其骧：《长水集》，人民出版社，1987。
李春光：《〈学海类编〉初探》，《图书馆学研究》1987年第5期。
郑伟章：《金山钱氏刻书》，《出版工作》1990年第4期。
钱茂伟：《明代浙西史学述略》，《浙江学刊》1993年第5期。
吴丰培：《王锡祺与〈小方壶斋舆地丛钞〉及其它》，《中国边疆史地研究》1995年第1期。
王培华：《海上长城的筹划者郑若曾》，《文史知识》1996年第6期。
吕育良：《松筠、祁韵士和徐松对新疆方志事业的贡献》，《新疆地方志》1997年第2期。
徐兴海：《丁谦的历史地理研究》，《西安交通大学学报》（社会科学版）1998年第1期。
俞宏标：《施世杰〈元秘史山川地名考〉》，《内蒙古社会科学》1999年第2期。
戴良佐：《近代方志名家王树楠》，《新疆地方志》2001年第1期。
牛海桢：《清代西北边疆史地学的开创者祁韵士》，《伊犁师范学院学报》2001年第3期。
牛海桢：《何秋涛及其西北边疆史地研究》，《兰州教育学院学报》2001年第4期。
贾建飞：《论松筠与晚清西北史地学的兴起》，《中国边疆史地研究》2004年第3期。
朱玉麒：《徐松及其西域著作研究述评》，《新疆师范大学学报》（哲学社会科学版）2004年第4期。
王立群：《清代地学游记与〈小方壶斋舆地丛钞〉》，《励耘学刊》（文学卷）2006年第1期。
伍成泉：《魏源的边疆史地研究述略》，《中国边疆史地研究》2006年6期。
敏北：《朱仕玠与〈小琉球漫志〉》，《炎黄纵横》2006年第12期。
杨洪升：《略论缪荃孙编刻丛书的特色》，《出版科学》2007年第6期。
方子昭：《李荣陛著述考》，《大观周报》2011年第6期。
郭丽萍：《〈连筠簃丛书〉刊印始末》，《晋阳学刊》2012年第2期。
梁基永：《李文田泰华楼及其藏书初探》，《图书馆论坛》2013年第5期。
罗建新：《论张海鹏的丛书编纂特色及其影响》，《图书馆工作研究》2014年第

4 期。

俞小明：《劫余珍籍"玄览"情——馆藏玄览堂丛书的内容与特色》，《新世纪图书馆》2014 年第 12 期。

王川、谢国升：《李文田与晚清西北史地学研究》，《史学史研究》2015 年第 1 期。

杨佳：《历代湖南丛书综述》，《图书馆》2015 年第 11 期。

玉米在云南的引种和推广

李昕升*

摘　要：云南是全国最早引种玉米的地区之一，引种后逐渐推广到内陆其他地区。玉米在云南一省的推广过程也是渐进的，先是自西向东沿滇缅大道分布，然后在山地广泛传播，成为山区的粮食，最终在19世纪中期基本推广完成。晚清、民国时期是玉米的大规模种植阶段，奠定了玉米作为全省主要粮食作物的地位。玉米在云南的推广虽然减轻了移民人口的压力、促进了山区的开发，但是加剧了水土流失、破坏了生态环境。

关键词：玉米　云南　引种　推广

美洲作物玉米在明代中期传入我国。玉米传入我国的路径，共有西北陆路、东南海路和西南陆路三条路线，已为众多学者所肯定。[①] 与云南相关的自然是西南陆路，云南是玉米最早登陆中国的省份之一，在西南地区最早。但目前学术界尚无对玉米在云南引种和推广的详细论述，只有李中清、周琼等有简要的梳理，[②] 其他对云南玉米的研究多是在论述玉米的全国传播路线时简单一提。玉米在全国别名甚多，据咸金山先生统计玉米别名有

---

* 李昕升，南京农业大学中华农业文明研究院讲师。
① 曹玲：《明清美洲粮食作物传入中国研究综述》，《古今农业》2004年第2期。
② 对其他省份玉米的研究提要详见李昕升、王思明《清代玉米在浙江的传播及其动因影响研究》，载《历史地理》第三十辑，上海人民出版社，2014，第297~306页。对云南玉米的研究参见〔美〕李中清《中国西南边疆的社会经济（1250—1850）》，林文勋、秦树才译，人民出版社，2012，第194页；周琼、李梅：《清代中后期云南山区农业生态探析》，《学术研究》2009年第10期。

99种之多，① 在云南玉米常被称为玉麦、包（苞）谷、玉蜀黍、包麦。

一　玉米在云南的引种

玉米在中国的引种路线，近代已有国外学者研究，哥伦比亚大学 L. Canington Goodrich 教授发表在美国杂志《新中国周刊》上的研究成果，蒋彦士先生在1937年将之译为中文。"1906年，劳法②博士发表一杰作，谓'玉蜀黍大约系葡萄牙人带入印度，由印度而北，传布于雾根、不丹、西藏等地，终乃至四川，而渐及于中国之各部，并未取道欧洲各国'。劳氏谓玉蜀黍初次输华时期，约在1540年，此或最早输入中国之说，但亦未足恃为定论。"③ 劳费尔博士的研究结论，在今天看来仍有合理性。何炳棣先生又做了进一步的补充，认为玉米推广最合理的媒介是云南各族人民，明代云南诸土司向北京进贡的"方物"就包括玉米。④ 总之，西南地区中云南最先引种玉米，进而推广到其他省份。

方志的记载更为可靠。嘉靖四十二年（1563年）《大理府志》载："来麦牟之属五：大麦、小麦、玉麦、燕麦、秃麦。"⑤ 这是玉米在云南方志中最早的记载，从时间上看不仅与西北地区最早的嘉靖《平凉府志》的记载时间相差无几，更早于东南地区玉米的最早记载——成书于隆庆六年（1572年）的《留青日札》。所以西南陆路确系玉米传入中国的路径之一，考虑到方志记载玉米的时间肯定晚于玉米在当地的栽培时间，所以至迟在16时期中叶玉米就应该引种到了云南。

云南甚至有可能是全国最早记载玉米的地区。滇南范洪于1556年整理的《滇南本草图说》已有对玉米的记载，该书是对兰茂（1497—1746年）

---

① 咸金山：《从方志记载看玉米在我国的引进和传播》，《古今农业》1988年第1期。
② 今多译为劳费尔（Berthold Laufer）。
③ 蒋彦士译《中国几种农作物之来历》，《农报》1937年第4卷第20期。
④ 何炳棣：《美洲作物的引进、传播及其对中国粮食生产的影响（二）》，《世界农业》1979年第5期。
⑤ 嘉靖四十二年（1563年）《大理府志》卷二《物产》。

《滇南本草》一书的诠释，是《滇南本草》最早的可信的抄本。① 《滇南本草图说》与嘉靖《大理府志》相互印证也反映了云南较早引种玉米的事实。

明代云南方志等文献中多将玉米称为"玉麦"，归入麦类之属。曹树基先生曾经撰文指出，明代长江以南见于记载的"玉麦"仅出现于云南，与小麦、大麦并列，难以判断玉麦的种属。② 笔者倒是认为正因为"玉麦"一称局限于云南，更能说明云南玉米是引种于域外，而不是来自内地，所以才与其他省份不同。更何况吴其濬也指出："玉蜀黍……《云南志》曰玉麦。"③ 徐光启在《农政全书》中也持这样的观点。因此郭松义先生认为，玉米由云南传入川西一带，川西的很多州县也作同样称呼玉米为玉麦。④

玉米在明代云南的方志记载不多，但仍可寻。万历《云南通志》中包括大理府、蒙化府、鹤庆府、景东府、姚安府、北胜州、顺宁州和永昌府，六府二州均有玉米记载。⑤ 此外，天启《滇志》、万历《赵州志》也记载了玉米，但有明一代，记载已尽。一方面说明明代云南引种取得了不错的效果，以万历《云南通志》为代表；另一方面反映了玉米在云南并没有完全推广开来，栽培区域具有不稳定性，县一级的记载几无。根据万历《云南通志》的记载，云南玉米引种的区域集中在滇西南、滇西一带，那么云南的玉米是从何处引种的呢？

哥伦布发现新大陆之后，掀起了欧洲向美洲活动的高潮，玉米从而引种到欧洲。葡萄牙人绕过好望角开辟了新的亚洲航路，1498年就到达印度，玉米很可能由欧洲人引种到了南亚，"葡人海上进展如此的快，他们已引进到果阿（Goa，印度西岸重要港口）的美洲作物在印、缅、滇的传

---

① 李昕升、王思明：《南瓜在中国西南地区的引种推广及其影响》，《自然辩证法研究》2014年第7期。
② 曹树基：《玉米和番薯传入中国路线新探》，《中国社会经济史研究》1988年第4期。
③ （清）吴其濬：《植物名实图考》卷一《谷类》，商务印书馆，1957，第26页。
④ 郭松义：《玉米、番薯在中国传播中的一些问题》，《清史论丛》1986年第7辑。
⑤ 万历二年（1574年）《云南通志》卷二《物产》。

播照理不会太慢。"① 自古以来滇缅交流十分便利，滇缅大道早在西汉就已被开发，称"蜀身毒道"，今天多称为南方丝绸之路，在云南段东起曲靖、昆明、楚雄、中经大理、西越保山、腾冲、古永，到达缅甸，终至印度。何炳棣先生指出控制滇缅大道最西端的孟养土司在1528年结束叛乱之后，滇缅商业交通畅通无阻之际，玉米甫自印缅引进，立即由土司向北京进贡。② 万历时人谢肇淛描绘了滇缅大道的繁荣景象："永昌、腾越之间，沃野千里，控制缅甸，亦一大都会也。"③ 可谓十分富饶，物产交流当是十分频繁。

因此玉米早期种植的区域都分布在滇西南、滇西一带，大理府是滇西要地，万历《云南通志》中的顺宁州、永昌府与缅甸接壤，而整个滇东在天启年间之前没有玉米记载，直到天启《滇志》中云南府始有玉米记载，明代唯一记载玉米的县级方志是万历《赵州志》，赵州隶属于大理府。所以按照滇缅大道自西向东的方向，由滇缅一带向内陆扩散玉米的过程，是十分合理的。

二 玉米在云南的推广

有清一代是玉米在云南推广的重要时期，最终奠定了玉米在云南粮食作物中的大宗地位。其中可分为三个阶段：第一阶段是从顺治到雍正年间，是玉米在云南的初步推广阶段；第二阶段是乾隆到同治年间，是玉米推广完成阶段；第三阶段从咸丰到民国年间，是玉米的大规模种植阶段（见表1）。

表1 不同时期云南方志记载玉米的次数

单位：次

	顺治	康熙	雍正	乾隆	嘉庆	道光	咸丰	同治	光绪	宣统	民国
云南		24	7	23	5	18	4		33	7	39

注：同一地区同一年号之内若不同方志分别记载玉米，只算作一次。

---

① 何炳棣：《美洲作物的引进、传播及其对中国粮食生产的影响（二）》，《世界农业》1979年第5期。
② 何炳棣：《美洲作物的引进、传播及其对中国粮食生产的影响（二）》，《世界农业》1979年第5期。
③ （明）谢肇淛：《滇略》卷四《俗略》。

康熙、雍正年间对玉米的记载开始增多,主要体现在地方州县志中,很多州县都是第一次记载玉米。总体上栽培玉米的府县在清初集中在以大理府和云南府为中心的两大区域,且主要沿滇缅大道走向分布。方志中的记载多只是提及玉米的名称而已,可能是沿袭前代的划分方法,玉米依然主要被归为麦类,仍称为"玉麦"。记载玉米府一级的行政区划有大理府(1694年)、云南府(1696年)、蒙化府(1698年)、武定府(1698年)、顺宁府(1700年)、永昌府(1702年)、澄江府(1717年)、临安府(1722年前)、姚安府(1722年前),县一级的有石屏州(1673年)、宁州(1695年)、元谋县(1696年)、嶍峨县(1698年)、新平县(1712年)、蒙自县(1712年)、姚州(1713年)、剑川州(1713年)、新兴州(1715年)、弥勒州(1716年)、河阳县(1717年)、罗平州(1718年)、禄劝州(1719年)、寻甸州(1720年)、马龙州(1723年)、呈贡县(1725年)、宾川州(1727年)、云龙州(1728年)、赵州(1735年)。① 从这些绝大多数第一次记载玉米的府县的时间先后顺序也可以判断玉米自西向东、自边疆向内陆的一个推广规律。

  玉米作为云南省的特产被记载在康熙《云南通志》中,出现了"西番麦"的称呼,云南玉米不会引种自西域,所以应来自西部的缅甸,李时珍在四川蓬溪完成了《本草纲目》的修改和定稿工作,所以记载玉米是"玉蜀黍种出西土",② 与"西番麦"含义一致,当然"玉蜀黍"一称最早还是见于《滇南本草图说》,或能说明"玉蜀黍"之名首见于云南。康熙《蒙化府志》载:"御麦,穗长而粒大,面微黄。"③ 第一次在云南出现了"御麦"一称,或如《留青日札》所说:"御麦出于西番,旧名番麦,以其曾经进御,故曰御麦。"④ 前文已述玉米很可能就是土司进贡的方物,且"御"与"玉"谐音。值得一提的是,康熙《顺宁府志》还载"御麦",雍正《顺宁府志》却载"玉黍",开始把玉米从麦之类移入黍之类,表明了对玉米这种新作物认识的完善。而且已经有人注意到了玉米的同物异名

---

① 临安府和姚安府对玉米的记载出自《古今图书集成》,其他康雍年间府县的记载均出自当地方志。顺宁府和临安府康熙、雍正两朝均有记载,只保留康熙年间的记载时间。
② (明)李时珍:《本草纲目》卷二十三《谷部二》,辽海出版社,2001,第899页。
③ 康熙三十七年(1698年)《蒙化府志》卷一《物产》。
④ (明)田艺蘅:《留青日札》卷二十六《御麦》,上海古籍出版社,1992,第489页。

现象,"玉麦,江浙呼为玉粟"①。

此时玉米在云南尚不是作为粮食作物,而是作为"蔬菜"或"奇物"在园圃田畔"偶种一二",更多可能是作为消遣作物或蔬果辅助作物。清初对玉米的详细记载很少,但零散资料还是可以窥见一斑,道光《云南通志稿》载"(南宁县志)玉麦植于园中,类芦而矮,节间生包,有絮有衣,实如黄豆大,其色黄黑红不一,一株二三包不等。"②曲靖府历史上的《南宁县志》分别修过两部:康熙《南宁县志》、咸丰《南宁县志》。这里转引的《南宁县志》应该是康熙《南宁县志》,可见康熙曲靖府的府治一带玉米在园圃种栽培,但是根据记载人们对玉米的性状已经有了一定的认识。部分府的推广成效颇佳,如康熙临安府"玉麦,通邑皆有"。③

乾隆到咸丰年间,玉米在云南推广的速度非常快。除了滇西北的丽江府和滇南部分地区(腾越厅、永昌府南部、顺宁府南部、普洱府南部)未曾记载栽培玉米,云南的绝大多数地区均有栽培,标志着至迟在19世纪中期,云南玉米的推广基本完成。清代历朝的《云南通志》都载有玉米,乾隆《滇黔志略》列举的为数不多的"云南物产"中就有玉米,嘉庆《滇繁》更是把玉米归为云南的"常产"。道光《云南通志稿》载:"广西直隶州(弥勒县采访)。玉麦,有饭糯二种,近来遍种以济荒。"④滇东一带的新近引种玉米的地区都业已用来救荒,玉米已经不是少数人的主食了。道光《大姚县志》用700余字的大篇幅阐述了玉米的性状、功用、加工技术、栽培技术等,堪称方志中对玉米介绍的集大成者,因此玉米在晚清伊始就已经有了十分重要地位,正如其载:"苞谷……可煤炒食之,炒拆白花如炒拆糯米之状,近年来各处遍种此物,时珍之说确矣然未尽。"⑤吴其濬在《植物名实图考》也说:"又如玉蜀黍一种,于古无征,今遍种

---

① 康熙四十一年(1702年)《永昌府志》卷十《物产》。
② 道光十五年(1835年)《云南通志稿》卷六十九《物产三》。
③ 《古今图书集成·方兴汇编·职方典》卷一四七六《临安府部》,转引自陈树平主编《明清农业史资料(1368—1911)》第一册,社会科学文献出版社,2013,第275页。
④ 道光十五年(1835年)《云南通志稿》卷六十七《物产一》。
⑤ 道光二十五年(1845年)《大姚县志》卷六《物产志》。

矣……山氓恃以为命。"①

事实上由于各种原因导致方志未修或少修、方志未记载物产、物产未记载玉米三种情况,② 玉米在云南的推广面积比方志记载的更大。比如,乾隆《永昌府志》、道光《永昌府志》、雍正《顺宁府志》、乾隆《顺宁府志》、道光《普洱府志》均有记载玉米,但是府内其他州县志未见记载玉米,所以笔者除了府治未在图中标识,却不代表府治以外的地区未种植。又如,云龙州、剑川州、禄劝州、武定州、罗平州、马龙州、宾川州、建水县,在乾隆之前均有玉米记载,清中期多由于方志未修等原因未见记载,很难想象在玉米已经引种到当地且其他山区如火如荼地大种特种玉米的情况下,玉米反而在以上诸州县绝迹,所以可以认为玉米在19世纪中期已经遍种云南。

当然,19世纪中期云南遍种玉米,并不代表玉米已经成为全部云南人民的主要口粮,玉米真正发挥巨大作用还是在晚清、民国时期。晚清以降,玉米在云南处处种之,已经无须再用地图进行展示。即使以前未记载玉米的州县也纷纷载入方志,如光绪《续修白盐井志》:"旧志两种小麦大麦,新增四种……玉麦,亦曰包麦。"③ 并且由于移民等因素的原因,玉米的多种别称在云南通行且为一般人所熟知,"包谷,一名玉秝,一名玉麦,一名玉蜀"④。即使是西南边陲缅宁,玉米排位仅次于水稻,"谷物类,有稻、玉蜀黍……玉蜀黍,九山较多,人食外,多以酿酒制粉。荞分甜苦二类,各山俱产,亦主要食物之一也"⑤。总之玉米在云南"各处皆有,深山尤多"⑥。

玉米此时的主食地位已经无法撼动,光绪《续修顺宁府志》载:"府属山多田少,多种荞与玉麦,以此为天……顺属山地多种荞与玉麦,成熟

---

① (清)吴其濬:《植物名实图考》卷一《谷类》,第26页。
② 李昕升、丁晓蕾、王思明:《农史研究中"方志·物产"的利用——以南瓜在中国的传播为例》,《青岛农业大学大学》(社会科学版)2014年第1期。
③ 光绪三十三年(1907年)《续修白盐井志》卷三《物产》。
④ 民国10年(1921年)《宜良县志》卷四《物产》。
⑤ 民国26年(1937年)《西南边城缅宁》第二章《物产》。
⑥ 民国23年(1934年)《新平县志》第十一《辨谷》。

之时人必逻守之，防野猪之伤害也。"① 人民以玉米为天，为了防止野猪对玉米的伤害造成歉收严加保护。民国《昭通志稿》载："陆地山坡均产之……一苞大者约四百余颗，春种秋收，熬糖煮酒磨粉等用。其类有黄白红乌花金丝等色，以性质言亦分粳糯，以时期言亦有早晚，昭之粮食此其最大宗也。"反映了玉米的经济价值和多种用途，品种也已经出现分化，因此对玉米害虫极为重视，"硪猪，三四月间好硪掘地中苞谷籽种，农家患之……群蛾飞集田地间，谷与苞谷皆被害"②。

从表2可见，民国时期玉米虽然无法与稻（55%）相抗衡，但此时玉米（19.38%）已经跃居第二大粮食作物，比例远高于黄豆（7.66%）、高粱（2.66%）、马铃薯（3.12%）、荞麦（4.58%）等春季作物，在某些州县如武定（50%）、蒙自（45%）、师宗（40%）、宣威（40%）、镇南（40%）、广通（35%）、平彝（32%）、盐兴（30%）玉米甚至比当地稻的种植比例还高。玉米在当地种植面积达到20%以上的州县共有25个，正好占到了全省的一半，主要分布在以昆明为中心的滇中、滇东一带。

表2 民国时期云南春季作物种植比例统计

单位：%

州县	稻	玉米	州县	稻	玉米	州县	稻	玉米	州县	稻	玉米
石屏	90	5	蒙自	20	45	通海	70	10	华宁	60	20
建水	60	5	开远	55	5	河西	70	10	宣威	25	40
个旧	50	20	曲溪	70	10	峨山	60	20	易门	60	10
澂江	60	20	江川	60	15	昆阳	50	20	富民	80	10
安宁	50	20	呈贡	30	15	嵩明	50	10	双柏	70	10
晋宁	50	10	宜良	70	15	昆明	70	10	陆良	35	20
禄丰	70	20	武定	40	50	师宗	30	40	寻甸	30	28
平彝	30	32	曲靖	70	10	马龙	70	5	广通	35	35
沾益	45	25	路南	40	26	罗次	60	20	镇南	35	40
盐兴	20	30	牟定	70	10	楚雄	50	30	祥云	70	20
姚安	70	6	大姚	60	25	盐封	50	15	宾川	30	25
弥渡	50	30	蒙化	50	30	凤仪	70	15	平均	55	19.38
邓川	70	10	大理	80	7	玉溪	80	10			

资料来源：中山大学农学院《云南省五十县稻作调查报告》，经济部中央农业实验所云南省工作站，1939，第12~15页。

---

① 光绪三十一年（1905年）《续修顺宁府志》卷十三《物产》。
② 民国13年（1924年）《昭通志稿》卷九《物产志》。

1931~1941年，云南玉米种植面积为409万~489万亩，① 分别是同为西南地区省份的贵州和广西的两倍，位列全国第二，仅次于四川。而根据许道夫先生的统计，云南玉米实际种植面积较《中农月刊》的统计只多不少，除了1914年为191万亩，1924~1929年为358万亩，1931年、1932年甚至达到了600万亩以上，在1941年以后也是稳定在404万亩以上。② 玉米在云南中东部种植最为集中，尤以滇东北、滇西南为最，文山种植玉米面积最多64.1万亩，其次是35.0万亩的镇雄，再次是昭通34.9万亩、广南28.9万亩，其余种植面积超过10万亩的共5个县，分别为弥勒（18.5万亩）、彝良（14.0万亩）、禄丰（13.1万亩）、昆明（11.6万亩）、盐津（10.0万亩），以上9个县的种植面积占到了全省的51%。

新中国成立后玉米更是云南的重要大田作物之一，改革开放后，玉米常年种植面积约100万公顷，与水稻种植面积相近（36%），占粮食总产量的30%。③

三　玉米在云南引种和推广中的一些问题

第一，新作物玉米被人们接受经过了漫长的时间。乾隆《东川府志》载："玉麦，城中园圃种之。"④ 只是作为一种蔬菜作物种植在园圃中。在乾隆年间东川府首次记载之前，南部曲靖府的寻甸州、马龙州山区已经已有玉米种植的记载。玉米在云南的推广方式是先山地后平原，与东南地区一些省份先平原后丘陵山地的推广方式不同，因为东南地区交通便利，玉米往往在沿海平原一带首先引种，在五谷争地的情况下，没有优势才往丘陵山地转移。而云南交通闭塞、地广人稀，玉米首先就是在山区引种，推广速度相对缓慢。

山地作物玉米具有明显的优势，但由于人们口味的适应较慢，玉米的

---

① 《各省玉米种植面积及其指数（二十年至三十年）》，《中农月刊》1942年第3卷第10期。
② 许道夫：《中国近代农业生产及贸易统计资料》，上海人民出版社，1983，第59页。
③ 陈宗龙：《云南玉米种植制度》，《耕作与栽培》1993年第4期。
④ 乾隆二十六年（1761年）《东川府志》卷十八《物产》。

优势被自然的忽视，在城镇中更是如此。因此玉米在云南引种200年后才加速推广，作为一种新的底层粮食作物，首先为山区人民食用。诚如李中清先生所言："一般来说，只有那些没有办法的穷人、山里人、少数民族才吃美洲传入的粮食作物。"① 而在我国东部平原一带，如乾隆《盛京通志》还载："玉蜀黍……内务府沤粉充贡。"② 作为御用专品，对比鲜明。

可以说，美洲粮食作物玉米的引种和推广可以视为一种技术革新措施，但是没有立即促进人口增长，反而是因为18—19世纪人口爆炸的原因，玉米才成为主要粮食作物。也就是说，18世纪玉米已经成为边缘山区的重要食粮，到了19世纪经济中心区也普遍以玉米为主食，尤其在咸同年间云南回族起义前后"民食多用包谷，糊口维艰"③。

第二，乾隆年间出现了日后玉米在云南的重要别名——包（苞）谷。该称呼最早应是起于东南低山丘陵一带，随着垦山棚民的渐多，"包谷"也流传日广，随着西南移民潮进入了云南，"有御麦，蜀人谓之包谷"，④玉米在云南同样被称为"包谷"。移民在玉米价值的诠释和玉米的进一步推广中功不可没，乾隆《镇雄州志》载："包谷，汉夷贫民率其妇子开垦荒山，广种济食，一名玉秋。"⑤ 林则徐于道光二十七年至二十九年（1847~1849年）任云贵总督时上奏："保山所辖距城二百余里之官乃山……自半山腰中，下至临江间，有平旷地土，堪以垦种。因而外来无业客民，单身赴彼，或种包谷杂粮……先搭棚寮栖止，渐盖土屋草房。"⑥ 均反映了这一态势。也可见19世纪中后期玉米已经是外来移民或者穷人的主要食物。

雍正年间（1726~1731年）的改土归流，加上开垦政策倾斜，掀起了云南开发的高潮。改土归流的先是军屯，云南绿营驻防的塘、汛、关、

---

① 〔美〕李中清：《中国西南边疆的社会经济（1250—1850）》，林文勋、秦树才译，第197页。
② 乾隆元年（1736年）《盛京通志》卷二十七《物产志》。
③ （清）朱寿朋：《光绪朝东华录》，中华书局，1958，第1449~1450页。
④ 咸丰五年（1855年）《邓川州志》卷四《物产》。
⑤ 乾隆四十九年（1784年）《镇雄州志》卷五《物产》。
⑥ （清）林则徐：《保山县城内回民移置官乃山相安情形折》，见《林文忠公政书》丙集，《云贵奏稿》卷十，转引自陈树平主编《明清农业史资料（1368—1911）》第一册，第275页。

哨，更是达3500余处，① 随后更多自由迁入的移民纷至沓来。根据李中清先生的估算，1775年云南至少有400万人口，到1850年西南人口中心的云南人口达到1000万人，② 这种非自然增长的人口爆炸是由于来自江西、湖南、四川等地移民的进入。但是，与洪武大移民相比，改土归流之后的移民已经无法随意占据坝子这样的有主之田，于是很多人的被迫山区屯垦。因为在山区播种新作物诸如玉米可以获得高产，移民使云南增加了大量的耕地，特别是在云南的广南府、普洱府、开化府等地区，③ 诚如道光十六年（1836年）云贵总督伊里布等奏："云南地方辽阔，深山密箐，未经开垦之区多，有湖南、湖北、四川、贵州穷民往搭寮棚居住，砍树烧山，艺种包谷之类。此等流民于开化、广南、普洱三府为最多。"④

第三，雍正四年（1726年）粮道张允随针对协饷制度的附议："滇省山多田少，岩岚气冷，土性薄劣，怯于阴潦，是以穗短粒小，比中州之谷，大较不如……穷岩峻阪、断莽荒榛之间，所栽者，荞、包、燕麦、青稞、毛稞、皆苟于救命之物。"⑤ 在当时玉米还不普及，未作为主要粮食作物，且将玉米视为杂粮，与荞麦、燕麦等传统的山地作物一并用于救荒，但随着玉米高产、耐饥、耐瘠、耐旱、耐寒、喜砂质土壤等特性被充分认识，玉米逐渐取代了这些传统山地作物。

玉米能够充分利用之前不适合栽培作物的边际土地，"稻以西二区木瓜林所产为良，苞谷则不限产地，功用皆同，昭民饔飧所赖，则黍较稻相倍蓰焉"⑥。而且栽培技术简单，"平田平地固可栽种，即高山峻岭及荦确斥卤皆可种植，其法每锄地一坎下子数粒，即以肥土掩之，但有土可以受锄者，即可种俟，其苗苗二三寸，即铲一次，铲其四傍之草，土以壅护其根，铲一次多结一苞，铲至三次可结五苞，若雨泽调匀更浇以肥粪，则苞

---

① 成崇德：《清代西部开发》，山西古籍出版社，2002，第368页。
② 〔美〕李中清：《中国西南边疆的社会经济（1250—1850）》，林文勋、秦树才译，第150~151页。
③ 〔美〕李中清：《1250年—1850年西南移民史》，《社会科学战线》1983年第1期。
④ 道光十七年（1837年）《威远厅志》卷三《户口》。
⑤ （清）倪蜕：《滇云历年传》卷十二，云南大学出版社，1992，第587页。
⑥ 民国27年（1938年）《昭通县志稿》卷五《辨谷》。

实尤饱满。"①

玉米还充分融入了云南的农业种植制度中，与本土作物进行了较好的配合，参与到新的一轮轮作复种体系当中，民国《嵩明县志》载："农时约分春、夏、秋三季，春季则种稻及马铃薯等，夏季则种黄豆、刀豆、玉蜀黍等，秋末则种麦类及蚕豆、豌豆……于小满种玉蜀黍、黄豆等……至山地则只宜于种荞，间有可种包谷、大小麦者，其播种期较原田须早一节期，收获时则又较田中所种者为迟。"②

四 玉米在云南引种和推广的影响

关于玉米在中国引种和推广的影响，前人已经较多论述。本文将关注点更加集中在云南一省，并且利用一些新材料加以分析。

（一）缓解人地矛盾，减轻人口压力

云南的人口密度在全国处于较低水平，咸丰元年（1851年）年人口密度也不过16.21人每平方公里，远低于全国平均水平80.69人每平方公里，③但是云南可耕地面积少，嘉庆十七年（1812年）人均耕地1.67亩，远低于2.19亩的全国平均水平，④在全国排名倒数，甚至还不如人口密度极高的江浙地区。由于移民因素导致的人口增长已经超过环境的承载力，1775~1825年1.46%的人口增长速率是全国平均水平的两倍，直到1845年才开始缓慢下来。⑤

在这样的人口压力下，玉米的推广养活了众多的新增人口，"县坝广种，四乡亦多，为食粮大宗"，⑥"玉蜀黍除极寒之高地不宜种植，产量颇

---

① 道光二十五年（1845年）《大姚县志》卷六《物产志》。
② 民国34年（1945年）《嵩明县志》卷十三《农时》。
③ 梁方仲：《中国历代户口、田地、田赋统计》，上海人民出版社，1980，第272页。
④ 梁方仲：《中国历代户口、田地、田赋统计》，上海人民出版社，1980，第400页。
⑤ 〔美〕李中清：《中国西南边疆的社会经济（1250—1850）》，林文勋、秦树才译，第154页。
⑥ 宣统《续蒙自县志》卷二《物产》。

少外，凡寒温热各地段俱普遍种植，产量超过于稻……几成为为农家之主要食粮，亦间有用作酿酒煮糖者。"①"苞谷，俗名玉麦，可酿酒，可救饥。"②"龙江蒲窝苞谷，可补米粟之不足。"③"嫩食多浆，熟可磨粉，为陆地主要农作物。性喜旱，适种于高燥之处，故为山区主要食品。"④类似的记载比比皆是。

而且玉米本身除了比水稻种植简单之外，在云南的生长期比水稻更短，在水稻未成熟前的6、7月份成为补充口粮、解决青黄不接的重要食粮，"稻以清明后播种，夏至后分秧，中秋后收获，然亦视雨水之早迟、地气之寒燠，而略有先后。玉蜀黍夏至前后得雨则播种，成熟较稻为快。"⑤"取之可煮熟，而食农家于青黄不接之际，此物先出采而食之，俟新谷登场无虑腹之枵也。"⑥

（二）促进山区开发，带来经济效益

玉米斗种可收一石到两石之间，⑦与旱稻产量相当。在坝子虽然无法与水稻争地，在山区有相当的经济优势，"本为温暖两带之作物，但滇中荒凉高原不适于麦作之地，而玉蜀黍均能产生，用途与稻、麦同，为当地之主食品，并可饲畜、酿酒，即其杆、叶、苞、皮，无一废弃之物，真云南经济作物之重要者也……又泸西、宣威、平彝、霑益等处田地较少，半属荒原，几于偏莳包谷，而一切生活无不需之，亦可知其重要为何如矣。"⑧玉米既充当了主食又被视为重要经济作物，全身是宝，无一废物，还诞生了不少名优品种，在某些地区的经济和生活几乎完全仰仗玉米。

玉米加工技术简单、多样，"欲为面将炒拆白花乘燥磨之，即成细面，

---

① 民国31年（1942年）《巧家县志稿》卷六《辨谷》。
② 宣统三年（1911年）《恩安县志》卷三《物产》。
③ 民国《腾越乡土志》卷七《物产》。
④ 民国38年（1949年）《安宁县志》，载《方志物产》第194册，中国农业遗产研究室，1955，第290页。
⑤ 民国13年（1924年）《盐丰县志》卷四《农业》。
⑥ 道光二十五年（1845年）《大姚县志》卷六《物产志》。
⑦ （清）爱必达：《黔南识略》卷三十一，成文出版社，1968，第221页。
⑧ 民国38年（1949年）《新纂云南通志》卷六十二《物产考五》。

或用温水浴软入磨碾去其皮,然后碾为细面,为糕为饼任便造食,欲为饭将水淘洗入磨,碾碎成,米筛去其皮可炊作饭……炊饭尤香,又可熬之为饴酿,以为酒,其适用殆不异于谷麦",与谷麦相同,可以磨成面,制成玉米饼或者玉米糕,或直接炊作饭,或酿为酒,不单香甜可口,而且深加工可以取得差额利润,"市卖之价与谷麦等,而种植之功较谷麦为易,然则天之所以养人者,固自不乏矣"①。道出了玉米的先天优势,种植成本较低的玉米却与谷麦价格相当,无疑具有利益诱惑。

玉米的经济用途多样,"熬糖煮酒磨面,功用甚广,宣人仰为口粮大宗……生计所关,不待劝勉而后力作也。"② "可饲豕可酿酒。"③ 玉米是云南酿酒的四大原料之一,"酒,其原料分四种,为稻,为小麦,为高粱,为玉蜀黍。"④

(三) 造成水土流失,加剧环境负担

民国《嵩明县志》载:"山地则宜于种筱或玉蜀或燕,然种一次则须闲地一二年。"⑤ 之所以一年只能种一次,然后空闲田地一年,用养结合,是因为山地种植作物最耗地力,且容易造成水土流失。周琼等人从植被减少、水土流失、淤塞河道沟渠及水利工程、对农业生产的负面影响、自然灾害的次数和频率增加五个方面详细叙述了玉米种植造成的云南生态变迁,⑥ 笔者不再赘述,但是通过文献爬梳发现山地种植玉米引发的水土流失例子,云南相对其他南方各省的记载较少,或是因为云南掠夺性开发较晚、力度相对较轻、基础植被条件更好。不过仍然要看到过度垦山种植玉米造成的生态破坏是得不偿失的,更深层次的影响是造成了云南的结构性贫困,制约了云南山区多样性而带来的商品经济发展。⑦

---

① 道光二十五年 (1845 年)《大姚县志》卷六《物产志》。
② 民国 23 年 (1934 年)《宣威县志稿》卷三《物产》。
③ 光绪十一年 (1885 年)《姚州志》卷三《物产》。
④ 民国 6 年 (1917 年)《路南县志》卷一《物产》。
⑤ 民国 34 年 (1945 年)《嵩明县志》卷十三《土宜》。
⑥ 周琼、李梅:《清代中后期云南山区农业生态探析》,《学术研究》2009 年第 10 期。
⑦ 蓝勇:《明清美洲农作物引进对亚热带山地结构性贫困形成的影响》,《中国农史》2001 年第 4 期。

西部周边研究

试析印度西北边疆治理的经验教训及其对中国的启示*

俞家海**

摘　要： 自印度独立以来，印度政府的西北边疆治理取得一定成效，但其西北边疆治理也存在一些失误，如地方主义盛行、极端主义泛滥、周边外交不畅等。通过深入分析印度政府西北边疆治理的经验教训，结合中国西北边疆地区的实际状况，中国政府应该整合边疆软硬治理模式、强化恐怖主义对策研究、落实周边外交政策等边疆政策，通过上述对策来治理西北边疆。

关键词： 印度　西北边疆治理　经验教训

一　印度独立以来西北边疆治理的经验教训

（一）印度西北边疆地方主义盛行，出现国家认同危机的可能性增大

印度西北边疆各邦与内地在宗教、语言和文化等方面仍然存在很大差异，导致印度西北边疆地区的民众保留了与印度内地不一样的民族与国家认同。这些差异也促使印度西北边疆地区争取更多自治权的政治活动和分

---

* 本文为2014年国家社科基金青年项目"印度独立以来的边疆政策和边疆治理研究"（14CSS005）和2015年贵州省社科规划办青年项目"印度独立以来的西北边疆政策及治理研究"（15GZQN20）阶段性成果。
** 俞家海，六盘水师范学院政治与公共管理学院副教授，六盘水印度洋区域与国别研究中心研究员。

裂活动时常发生，甚至是群体性的暴动。印度政府运用联邦制度，采取下移权力的方式来缓解这种矛盾。① 但当联邦制度不能满足地方分权主义者的政治诉求时，印度中央政府就只能通过强制的措施来限制西北边疆民族分离主义者及其组织的政治与军事暴动。

印巴分治的过程中，民族和国家的整合被提上印度政府相关决策部门的议程。② 尼赫鲁和帕特尔等领导人清楚地认识到，只有联邦制才能够适应印度的民族多样性。这种联邦制度使得政府一次又一次地向西北边疆地区的部分政治团体转移一些权力。当这些不断的政治让步仍不能满足地方分权者的利益诉求，或者说政府失信仍不能给予更多的自治权，③ 地方分权主义者将转而提出分裂的政治要求。通常政府对于地方要求的考虑以及采纳是需要一个反应过程的。④ 结果，往往导致事态扩大并引起暴乱。通常政府对待边境暴乱的一贯模式是：先进行协商，适当让步；一旦协商失败，就动用大量武力，实施军事打击。

在我们具体考察印度西北边疆各邦的地方主义以前，我们需要先明白在管理地区不满情绪的问题上，印度的联邦制度扮演着怎样的角色，特别是对于边境地区的邦。理论上，印度的这套政治制度体系必须遵守承诺，把重要的权力下放。然而，当联邦主义在印度实践时却始终混杂着具有特殊意义的中央集权。实际上由于受到中央政府过多的控制，这些邦存在很强的地方意识。⑤ 因此，联邦制使得印度地方政府和人民渴望获得更多的自治权，甚至是政治上的独立。

印度是一个联邦制国家，西北边疆各邦在语言的基础上有明确的划分，至少在书面上的这些语言里，邦是有实质性权力的，可是事实上印度是相当集权的。印度中央政府在民族国家整合完成后，迅速宣布了它的首

---

① William F. Kuracina, *The State and Governance in India: The Congress Ideal* (London: Routledge, 2010), pp.1-3.
② Bipan Chandra, *India Since Independence* (New Delhi: Penguin Group, 2011), p.89.
③ 〔英〕米歇尔·E.布朗：《亚太地区的政府政策和民族关系》，张红梅译，东方出版社，2013，第79~80页。
④ Bipan Chandra, *India Since Independence* (New Delhi: Penguin Group, 2011), p.104.
⑤ J.S. Grewal, *The New Cambridge History of India*, II.3, *The Sikhs of the Punjab* (Cambridge University Press, 1990), p.209.

要任务，即负责国家安全（对外事务、国防）和国家经济政策以及控制印度举足轻重的部门（国家政府机关、军队）。① 印度联邦制度带有显著的辩证特征。一方面，中央政府运用其控制的重要机构集中自治权；另一方面，控制权的收紧引起了地方的不满。这种不满降低了西北边疆各邦当地政治利益集团对中央政府的支持，② 其结果是导致中央政府加紧控制西北边疆各邦政治，并进一步取消、削减这七个邦原有的一些自主权。当地民众对印度的国家认同感下降，逐渐从国家认同转向地方认同，在这种认同转向的过程中逐渐滋生地方主义。

在当代印度西北边疆地区的现代化进程中，地方主义一直是亟待解决的难题。亨廷顿说："政治现代化包含着对外坚持民族国家的主权，以抑制外国影响；对内坚持中央政府主权，以抑制地方性和区域性的权力。"③ 如何改变地方主义的现状也就具有了相当的挑战性和实际意义。一般认为：地方主义就是在处理中央和地方关系时，强调地方利益至上。造成这一现象的原因有错误的政策定位，片面的地方认识及现实的制度短缺。解决这一问题的对策有司法制度的中央化，经济体制的分权化和行政制度的民主化。地方主义不单是现代国家构建中的一种现象，本质上它是一种非正式制度，尽管这种"制度"不具有合法性，但它是在实践中由地方势力维护其特有权益的准制度，支撑其制度化运作的是地方性利益和地方性社会认同，这与印度中央与印度西北边疆当地政府结构之间治理结构与模糊管理存在很大的关联性。

由于印度各地区经济、政治、文化等发展不平衡，印度西北边疆地区地方主义表现明显。所谓地方主义在宏观上指印度西北边疆当地的政治行为体打着维护本区域的经济政治社会利益的旗号，从地方实际利益出发，

---

① William F. Kuracina, *The State and Governance in India: The Congress Ideal* (London: Routledge, 2010), p. 132.
② Satya M. Rai, *Punjab Since Partition* (Delhi: Durga Publications, 1986), p. 273.
③ 黄海、李鹏：《地方主义的考察——以传统制度文化为视角》，《南京工业大学学报》（社会科学版）2003年第2期，第14页。

采取各项政治法律方面的措施来抵制中央政府对本地区利益的侵蚀,[①] 其主体可以是一个邦(中央直辖区),也可以是一个市。印度西北边疆地方主义的表现主要为三个方面。一是地方政府各自为政,各行其是,采取"上有政策,下有对策"的策略,印度中央政府的宏观调控政策在执行过程中往往变形,印度西北边疆治理的效能性大打折扣。[②] 二是印度西北边疆地方政府之间相互攀比,盲目发展,重复建设,恣意扩大预算外的财政资金规模,地方政府行为短期化,不利于当地边疆治理持续进行。三是当地政府采取地方保护主义的手段,实施地区经济封锁,人为割裂市场,阻碍当地统一市场的形成,不利于印度中央政府对西北边疆进行协同治理。在印度这个国家整体内,国家好似一个大集体,西北边疆地区好似这个集体中的一个个体成员,建设一个强大的经济社会统一体是该团队的共同利益和目标,同时印度西北边疆地区的政治行为体也存在自身利益,即实现其经济、社会方面的利益诉求并使之强大,并且使之不受印度核心地区的威胁和压制。[③] 这就涉及印度西北边疆当地政府与中央政府的双重关系。从印度国家层面来看,西北边疆地方主义是一种自利的地方行为,会因西北边疆当地一方谋利而损害到印度统筹全国经济社会发展的大局,在莫迪政府提倡发展印度制造业的政策刺激下,面对激烈的国际竞争,地方主义伤害的不仅仅是印度西北边疆地区一个区域的整体利益,而且是对印度整个国家利益的损害。因此需要合理利用强制和有选择性激励,打破印度西北边疆地方主义的行动逻辑,以共同利益为目标导向,引导印度西北边疆地方政府统筹兼顾,实现印度西北边疆地区经济的跨越发展。

---

① "How to Understand, and Deal with Dictatorship: An Economist's View", *Economics of Governance*, No. 2, 2001, pp. 35–58.
② Robert C. Oberst, *Government and Politics in South Asia*, (Colorado: Westview Press, 2014), pp. 128–129.
③ Shubh Mathur, *The Human Toll of the Kashmir Conflict*, (London: Palgrave Macmillan, 2016), pp. 87–91.

(二) 印度西北边疆极端主义泛滥，对印度国家利益和区域安全构成威胁

印度西北边疆的极端主义是集民族分裂主义、宗教极端主义和恐怖暴力主义为一体的邪恶势力。极端主义者为达到其政治目的往往不择手段。鉴于穆斯林人口占印度总人口比重高的缘故[①]，"伊斯兰国"已将其势力扩展到印度西北边疆地区。这个组织以巴基斯坦为基地对印度实施跨境恐怖活动，越来越成为一种本土化与全球化的混血儿。[②] 印度西北边疆的极端主义势力逐渐被邻国敌对势力利用和左右，对印度西北边疆地区造成多方面的影响。

第一，严重威胁印度西北边疆安全。旁遮普邦的锡克教极端主义势力和查谟-克什米尔邦的恐怖组织是以分裂克什米尔和旁遮普地区、危害印度西北边疆领土主权为目的的"三股势力"。从印度独立以来的事实证明，这股极端主义势力对印度西北边疆造成重大破坏和威胁，是印度西北边疆地区最严重的传统和非传统安全威胁。

第二，严重影响印度西北边疆地区社会稳定和发展。"三股势力"是印度西北边疆社会稳定的最大威胁。特别是第三次印巴战争后及"9·11事件"发生以来，印度西北边疆的极端宗教和暴力恐怖组织，假借宗教之名蛊惑愚弄当地民众，以圣战之名发动袭击，以恐怖手段达到其目的，袭击平民百姓，破坏民用设施，给印度西北边疆地区人民的生命安全和财产造成重大损失，[③] 严重破坏了印度西北边疆地区的社会稳定和良好发展环境。

第三，严重破坏印度西北边疆地区和谐的民族关系。印度西北边疆的极端宗教和暴力恐怖组织为达到其分裂国家的阴谋，否认印度古代政权对

---

① 印度穆斯林人口占其人口总量的13%。引自孙现朴《IS已渗透至印度、阿富汗和巴基斯坦》，人民网，http://world.people.com.cn/n/2015/1128/c1002-27867253.html。
② Glasius, "State of Global Civil Society", *Global Civil Society Yearbook* (London: London School Economics, 2003), pp.24-25.
③ 俞家海：《试析印度独立以来西北边疆政策的立足点》，《南亚研究季刊》2015年第4期，第41页。

印度西北边疆的管辖和统一，否认印度斯坦人在印度西北边疆历史上的重要作用和世居事实，有意制造印度斯坦人与旁遮普人、克什米尔人之间的民族仇恨。"大肆杀戮印度教徒"是其基本策略，也是其基本指导思想，①其目的就是破坏印度斯坦人与旁遮普人、克什米尔人之间良好的关系和感情，达到分裂国家的政治图谋。

第四，严重破坏印度国际声誉和形象。近年来，印度西北边疆的极端宗教和暴力恐怖组织与西方敌对势力和各种反印势力相勾结，几股敌对势力同时并存和发难，以"人权""民主"为幌子，无中生有，捏造事实，大肆攻击印度中央政府和当地政府，帮助敌对势力对印度进行遏制和分化，形成一种迅猛的蔓延态势，导致地区性的政治波动，②对印度国家利益和国际声誉造成一定程度的伤害。

（三）印度与邻国关系时紧时松，延缓印度迈向世界大国的步伐

1. 印巴关系：缓和与紧张并存

1947年印度独立以来，印度大部分时间都与巴基斯坦处于对抗状态。③在长期敌对过程中，两国不断发生的战争和危机使人们很难对印度与巴基斯坦关系的前景保持乐观。在国际体系层面，印度和巴基斯坦算不上全球体系中的强国，但是在地区层面，印度和巴基斯坦是南亚次大陆体系中的强国。在南亚地缘政治格局中，印度在南亚地区处于主导型地位，尽管巴基斯坦没有承认印度在南亚地区的领导地位。印度试图通过强化政治和经济关系拉近和巴基斯坦的距离，以便能利用自己的权力优势寻求更多机会。相反，巴基斯坦通过"建设护城河"策略，在政治和经济上疏远印度以减轻自己的脆弱性。印度试图用权力强迫巴基斯坦服从自己的意愿，而巴基斯坦则尽可能通过中国的支持巩固自己的防御能力，使平衡向巴基斯坦方面倾斜，印度则试图通过其他途径来强化自己在南亚地区的领导力。

---

① "Alsafa", *Srinagar*, 14 April, 1990.
② 张金平：《国际恐怖主义与反恐策略》，人民出版社，2012，第35页。
③ 俞家海：《试析印度独立以来西北边疆政策的立足点》，《南亚研究季刊》2015年第4期，第40页。

在1947年至1971年期间，巴基斯坦与印度之间先后发生三次印巴战争。通过第一次印巴战争，巴基斯坦控制了克什米尔三分之一的地区；通过第二次印巴战争，双方正式确认了1948年对克什米尔的划分。1971年8月，印度利用巴基斯坦的内部冲突把东巴基斯坦（今孟加拉国）从巴基斯坦手中分离出来。从此以后，一直到20世纪80年代中期，印巴关系一直遵守强国-弱国关系模式。① 在地区体系结构中，印度是强国，是"地区超级大国"，而巴基斯坦是较弱的一方，直到今天，印度的军事实力远远超过分裂后的巴基斯坦。

为弥补其军事实力的不足，巴基斯坦与印度展开军备竞赛，并形成核恐怖平衡。两国日益增强的互不信任和恐惧导致的紧张，因巴基斯坦采取低成本平衡战略而进一步加剧。巴基斯坦决策层在意识到印度不可能依靠战争解决问题后，开始支持跨境恐怖组织在印度活动，② 尤其是在印度的查谟-克什米尔、古吉拉特邦、马哈拉施特拉邦、旁遮普邦等地区。1999年，巴基斯坦将部队伪装成"圣战者"游击队形式，占领了印度军队冬季撤防的克什米尔控制线一带，导致双方在边境地区产生冲突。2001年12月，恐怖分子袭击印度国会。2008年底，孟买又爆发恐怖袭击事件。从1947年直至今日，印巴关系都被不停的冲突所困扰，两国政府高层虽然也通过一定层面的对话来缓和紧张局势，但由于双方关系互信力较低，从根本上改善印巴紧张关系仍然任重而道远。

2. 印中关系：阿克赛钦之争使双方关系微妙

中印两国由于在包括阿克赛钦在内的边界问题上存在争议，导致双方军队在20世纪60年代爆发了印中边境战争。战争结束后，虽然中国军队主动撤离至实际控制线一侧，③ 但是中印关系呈现冷和平状态，一直到20世纪80年代末90年代初，才开始改善。中印边境战争后，印度更加重视

---

① 赵干城：《印度大国地位和大国外交》，上海人民出版社，2009，第96页。
② 赵伯乐：《"9·11"后印度反恐策略中的巴基斯坦因素》，《南亚研究季刊》2004年第3期，第47页。
③ 《解密中印战争：中国获胜后为何主动撤军？》，人民网，http://mil.huanqiu.com/history/2015-10/7817491.html。

军事实力的发展,并盯紧中国。① 直到 1988 年 12 月,拉吉夫·甘地总理访华标志着印中关系实现正常化。1993 年 9 月,拉奥总理访华,中印双方通过了采取和平协商手段解决中印边界问题争端的纲领。1996 年 11 月,中国国家主席江泽民访问印度,与印度方面达成了将边界问题搁置起来,先发展双边关系,增进互信和了解,待时机成熟后,双方再解决边界争端的协议。2003 年 6 月,瓦杰帕伊总理访问中国,印度首次承认西藏是中国领土不可分割的一部分,中印双方表示,继续推进边界谈判,保持边境安宁。曼莫汉·辛格上台执政后,延续瓦杰帕伊政府时期的政策,继续与中国在边界争端问题上进行和平谈判,保持两国边境地区和平与安宁。

中印边境争端问题虽然在两国决策高层的推动下,其紧张局势有所缓解,并向和平谈判解决边界争端的趋势转化。但是,边界问题自印度独立以来,一直是印度对华关系的核心问题,只要边界问题被印度媒体一报道,原本发展势头良好的中印关系就会变得紧张起来,这与印度决策高层从内心对中国心存芥蒂有很大的关联性。2013~2015 年,中印两国军队在拉达克地区爆发了三次边界对峙事件。边境两侧的中印边防部队在进行巡逻时经常会碰到这种情况——躁动的情绪、交流不畅和对立的领土主张。② 这给印度西北边疆地区的整体和平带来不利影响。

第三次印巴战争后,印度确立在南亚地区"一超独大"的地位。20 世纪 80 年代末 90 年代初,随着亚洲"四小龙""五小虎"经济的崛起,以及为印度经济改革营造一个良好的周边环境,印度在外交上开始"向东看",实施"东向"政策。③ 虽然印度在亚太地区拉近了与美国、日本、澳大利亚等地区大国的关系,扩展了在东南亚地区的影响力,但是由于印度与中国存在领土争端,以及与巴基斯坦又存在克什米尔领土争端,使印度"东向政策"的实施效能性大打折扣,印度在亚太地区的影响力有限。在中国"一带一路"倡议的刺激下,2016 年 3 月以来,印度外交战略开始转

---

① Sumit Ganguly, *India's Foreign Policy: Retrospect and Prospect* (OUP India, 2009), p. 95.
② 邢晓婧、任重:《中印边界对峙视频流出 印军大叫让解放军后退》,环球网,http://mil.sohu.com/20151026/n424120885.shtml。
③ 吕昭义:《吕昭义学术文选》,云南大学出版社,2014,第 201 页。

向,即"向西看",① 其外交布局开始由南亚以外的地区转向印度周边地区。莫迪政府开始提出"周边第一"的外交政策,改善与另一个南亚地区大国巴基斯坦由于实控线对峙事件、跨境恐怖主义问题而形成的紧张关系。

由于印度外交政策的制定从来就没离开过边界领土争端的视野,使得印度外交战略的调整迈不开步伐。自尼赫鲁以来的历届印度政府虽然把印度自身定位为世界大国,其实施的外交战略应该是大国外交战略,② 但是鉴于印度政府至今仍然没有处理好与中国和巴基斯坦等邻国的领土争端问题,导致印度只能把其外交战略关注点放在南亚地区,使其本身具有的世界大国潜力无法发挥出来。印度政府只有解决好与中国和巴基斯坦等国的领土争端问题,其走向世界大国的愿望才能成为现实。

二 印度的经验教训对中国的启示

(一) 整合中国陆地边疆的软硬治理模式

新中国成立以来,中央政府在筹建人民边防体系的过程中,突出了政治安边、经济兴边、军事强边、涉外睦邻等功能。③ 由于建国初期边境管理法规不够完善,来不及制定专门的边境管理法规,主要靠政策指导边境管理建设。在政治上强调做好民族宗教工作,组建民族工作队,安定边疆社会;在经济上强调兴边富民,扩大生产,发展边贸,提高边疆人民生活水平;在军事上加强战备,开展边境巡逻,实行军警民联防,防范可能发生的侵略及对边疆领土的蚕食;在涉外问题上实行睦邻友好的周边政策,妥善处理边民往来及过耕过牧的问题,着手与邻国谈判解决历史遗留问题,促进周边睦邻友好关系的发展。

---

① 阿基莱什·皮拉拉马里:《印度为什么应该"向西看"》,《参考消息》2016年3月14日,第10版。
② 贾瓦哈拉尔·尼赫鲁:《印度的发现》,上海人民出版社,2016,第37~40页。
③ 陈耀武:《新中国治边方略概论》,军事科学出版社,2008,第49~61页。

保卫国家领土主权和完整,是国家利益的基础,是陆地边疆治理的基本职能。国家的生存和发展,历来与边境管理息息相关。生存和发展构成国家的两大基本利益。生存是人类繁衍延续的第一需要,是发展的前提;发展是国家繁荣富强的根本途径,是生存的条件。① 印度独立以来对西北边疆治理的实践证明,国家的生存与发展,离不开国家的主权独立、领土完整、安全统一和社会稳定。无论是确保国家的内政不被干涉、主权不被侵犯、领土不被分裂和占领,还是实现国家统一,促进国家长治久安和人民安居乐业,都不能没有强大的国防。发展经济和科技,积极提高综合国力,抢占21世纪的制高点,已成为当今世界各国的主要战略发展趋势。各个国家在谋求安全和发展的最大利益时,一般不轻易诉诸武力,往往以科技、经济的竞争,外交的运用、威慑和遏制的手段等进行调整和竞争,但是当上述手段难以奏效时,诉诸武力仍然是维护国家安全利益、解除威胁的最高手段。边境管理作为国防的前沿,实施有效防卫,保卫国家安全理所当然。随着21世纪以来中国经济的迅速发展,综合国力的不断提高,实现大国防御的转变已具备可能性,创新边境管理体制,拓展国家利益空间就成为历史的必然。

传统的实体边疆即"硬边疆"只是边疆的一部分,如果这个边疆地带没有人居住、生产与生活,它的存在就没有意义。② 一国之内的边疆人民及人民的代表——国家政权及国家利益则是边疆治理因素中最重要的因素。这些因素对"硬边疆"提出了严峻挑战。相对于"硬边疆","软边疆"开始出现,如中央与地方政府关系、人民生活水平与边疆社会稳定的关联性、边疆地区民众的情感治理等都是"软边疆"的范畴。一个国家边疆地区的政治、经济、文化、社会、信息、战略利益均构成了国家"软边疆"的内涵。"软边疆"概念以"硬边疆"概念为基础,"硬边疆"包含在"软边疆"里。③ 传统的边疆"硬治理"模式已无法满足当今国家现实需要,需要把边疆"软治理"与"硬治理"两种治理模式结合起来。

---

① 郑汕:《中国边疆学概论》,云南人民出版社,2012,第455页。
② 余潇枫:《边疆安全学引论》,中国社会科学出版社,2013,第43页。
③ 余潇枫:《边疆安全学引论》,中国社会科学出版社,2013,第55页。

试析印度西北边疆治理的经验教训及其对中国的启示

当今国际局势正在发生深刻的变化，世界格局多极化和经济全球化的趋势在曲折中发展，科技进步迅猛发展，综合国力竞争日趋激烈，正在对边境管理领域产生重大的影响，边境管理正面临着一系列新情况、新问题。创新是民族发展的灵魂，也是边境管理转型的不竭动力。目前的边境管理形势是新中国成立以来最好的时期，但是中国与印度的边界争议情况复杂，有可能威胁到中国边境的安全，是一种不稳定因素。"伊斯兰国"组织崛起、昆明"3·11事件"以及法国巴黎恐怖袭击事件爆发后，西方敌对势力及国际恐怖势力加紧了对中国边境地区的渗透破坏活动，美国霸权主义正在构筑对中国的战略包围圈。"藏独""疆独"的分裂活动仍很猖狂。中国边防防卫的关注点仍放在维护"主权独立、领土完整和社会稳定"三大问题上，在旧的矛盾还未解决的情况下，又面临着新挑战，尤其是随着科技革命的蓬勃兴起，边境管理面临着外层空间、信息安全、底土资源、文化和观念渗透以及经济安全等问题的严峻挑战，以往的边境管理概念被注入大量新的时代内涵，对边境管理制度提出了新的更高的要求。因此，由"地理边疆"向"利益边疆"的转变，[1] 拓展国家安全利益，将是中国现代边疆治理模式转变的大趋势。

在中国新一轮西部大开发中，边疆开发模式要变被动开发为主动开发，积极调动西北边疆地区人民发展经济、提高生活水平的积极性。[2] 例如结合西北边疆地区的实际，依靠当地边民自觉自愿地推动土地流动整合式发展变革，采用权力分立模式。具体来说，一是应该以边民自愿自主为本，开发规划和项目决策权可由各级自治机关咨询中央委派的专家智囊团规划确定，让当地公民以主人翁姿态运用他们享有的"变通权和拒绝权"，即自治法第20条规定：国家机关的决议、决定、命令和指示，如有不适合民族自治地方实际情况的，自治机关可以报经该上级国家机关批准，变通执行和停止执行。[3] 这样可以发挥社会主义制度的优越性，边疆少数民族

---

[1] 郑汕：《中国边疆学概论》，云南人民出版社，2012，第456页。
[2] 余潇枫：《边疆安全学引论》，中国社会科学出版社，2013，第140~142页。
[3] 田联刚：《中国民族政策的价值取向：全面保障少数民族人权》，《西北民族研究》2009年第2期，第8页。

能处处保护自己的利益。二是财权基本由银行按照申请人的论证和经济效益视角决定支持力度,政府意见只供参考。三是法律监督权由高一级的检察机关来监督各级自治机关和银行财权是否违法。至少要三权分立。首先土地流动整合要自觉自愿,承包土地入股后,牧民可以留在大农牧场做劳动股民,并有选举农牧场主的权利。愿意出卖土地使用权从事其他工作的人,执行先安置后续约的政策。让群众认识到土地流动整合进行大规模生产开发模式的优越性。

在利用国外先进生产方式推动西北边疆地区发展的同时,要"取其精华,去其糟粕",坚决抵制危害西部边疆地区领土主权完整的腐朽思想。从法律上保障当地各民族利益,决不搞国内殖民,政策上不能便利已经富裕的东部地区的民众来买走或侵占边民的生产资料。战略西移的重点是货币资本西移以服务边民,技术西移、品牌西移带动边民致富;而人口除了必需的高管和技术人员外,一般人员和劳动力原则上必须安置边疆当地群众(包括在外地、外国学习生活的少数民族回流人员);依法规定安置少数民族人口的比例与减免税收挂钩;国家的资本运作要有倾向性,既助发展,也重稳定。以西北边疆人民的普遍生活水平来看,不可能有多少人具有私人投资能力,可以搞中国特色的赠地运动和倾斜政策,以价格优惠和银行低息贷款等办法,"赠地"给需要培养的民族所依靠的阶层;同时长期监控和制裁分裂势力插手经济领域;国营农牧场比例不应过大,国家力量的重点应该放在宏观规划和组织各类公众力量,以促成法律监督、安全监督、廉政监督,以便宏观上保证实现中央提出的新一轮西部大开发的"上三个大台阶"的总体目标:一是西部地区综合经济实力上一个大台阶;二是人民生活水平和质量上一个大台阶;三是生态环境保护上一个大台阶。并保证实现中央提出的把西北地区建成"四个基地"目标:一是国家重要的能源基地;二是国家重要的资源深加工基地;三是国家重要的装备制造业基地;四是国家重要的战略性新兴产业基地。这些目标都表明,西部发展战略已发生深刻变化,只要我们坚持变革创新,那么,未来深入西部大开发的 10 年,将是西部地区,包括西北边疆地区经济跨越式展翅腾飞的 10 年,也是为中华复兴奠基的 10 年。

我国的新一轮西部开发,应坚持对外开放,特别是吸引曾经快速实现农牧业机械化的友好国家的外资和人员来中国西北边疆兴办大型外资农牧场。这就要放弃"维稳、恐外"的思想约束。其实,就文化建构的本质上来说,这意味着政治、社会、生产方式等多层次的构建。具体做法如下。一是要构建由农业社会向工业社会转型的现代结构,其中包括经济、生产方式的变革,农业人口和其他人口的市场化转移流动等。变革和流动意味着进步,发达国家都以多次产业变革和移民国家为标志。二是要市场化引导下的开放结构。工矿、金融、文化产业、服务业等各行各业均应逐步向全世界和全国各地开放,吸引投资和先进技术,加速发展。只有当众多国家、众多势力集团、众多不同文化属性的人们的利益相互制约或形成某种共同利益时,社会才会有相对的互制式平衡,而形成比单一文化属性社会更稳定的社会结构。三是构建主流文化、边缘文化和外来文化互动交流和互相促进开放发展的协调机构。开放往往能消解封闭狭隘的各种极端主义思维方式,因此外来文化也往往能对原来坐井观天的宗教极端主义和狭隘民族主义思想起潜移默化的改造作用。总之,中国的西北边疆治理,科学发展观是保证,依法治理是前提,规范有序的市场经济是基础,政府能力建设是关键。① 西北边疆当地政府只有实现政治、经济和文化三方面的协调发展,促成边疆发展战略的成功,提高边疆发展的效率和效益,开创边疆人民与自然、社会和谐发展,政治上安定和谐,经济发展质量提高,才能实现中国陆地边疆软硬治理模式的整合。

(二) 强化对中国西北边疆地区恐怖主义问题的对策研究

中国西北边疆地区的恐怖主义问题主要是"东突"问题。"东突"恐怖活动已成为影响中国西北边疆民族地区稳定与发展的一个重要的不稳定因素。"东突"问题是既涉及政治、军事领域的传统安全的问题,也属于非传统安全的范围。"东突"分裂势力最终目的是分裂国家,制造民族矛盾,颠覆政权,危害国家领土主权和领土完整,威胁边疆安全和国家安

---

① 周平:《中国边疆治理研究》,经济科学出版社,2011,第135~144页。

全，属于典型的传统安全范围。同时，它又具有非传统安全的特征：安全的威胁来源随意性大，无法预测和掌握；受到安全威胁的主体有个人、社区、团队和国家，受到恐怖袭击的对象多是普通老百姓；手段多样残暴；组织实施往往是境内外勾结，境外策划指挥，境内组织实施等。① 传统安全和非传统安全相互交织，同时又伴随复杂的民族问题、跨国民族问题和宗教问题，即"东突＝分离＋极端＋恐怖主义"。② 因此，我们一定要认识到"东突"问题解决的长期性、艰巨性、复杂性。采取切实可行措施，加以应对和治理。

1. 加大打击力度

牢固树立居安思危的理念，坚持预防为主的方针，始终掌握主动权。健全党委领导，政府负责，党政军民共同参与的多层次、立体式、全方位综合治理网络和体系。密切注意"东突"分子动向，注意与"东突"分裂势力有密切关系的跨国有组织犯罪、非法宗教活动等的发展和动向，不给分裂分子留有寄生和发展的空间。对于"东突"组织内部出现的主张采取非暴力手段、要求政治解决、走民主斗争之路的动向应认清其恐怖分裂本质，并予以深刻揭露。在这一点上要认真汲取印度在其西北边疆政策和治理问题上的教训。

2. 加强国际合作

21世纪以来，中国政府先后与俄罗斯、中亚五国、巴基斯坦等国加强反恐合作，并联合开展反恐演习。同时中国政府还提出了"与邻为善、以邻为伴"的周边外交方针和"睦邻、安邻、富邻"的周边外交政策，得到周边国家的欢迎和支持。这一外交政策的实施，既加强了中国与周边国家的交流与合作，也有力地遏制了"东突"分子的活动空间。在新形势下，我们要一如既往地坚持这一周边外交政策，不断加强与上述七国在各领域的合作，完善共同应对机制，尽可能地争取国际社会的支持与理解。从而打造地区命运共同体，构建和谐周边，推进合作共赢。

---

① 李正元：《试论新疆地区非传统安全问题及其特点》，《西北民族研究》2010年第3期，第17～18页。
② 潘志平：《"东突"的历史与现状》，民族出版社，2008，第221页。

3. 加大宣传力度

中国西北边疆地区与蒙古、俄罗斯、哈萨克斯坦、吉尔吉斯斯坦、塔吉克斯坦、阿富汗、巴基斯坦、印度8个国家相接壤，国境线长。随着新兴媒体的成长，舆情消长已成为影响西北边疆社会稳定的一个重要因素。[①] 面对这一边疆新情况，传统的边疆治理模式已无法胜任。需要中国媒体相关管理部门完善西北边疆地区的舆情管理与监管，做好社会舆论引导，安定当地民众的心理需求，解构境内外恶意信息煽动，维持社会秩序稳定。也需要相关职能部门进一步加大相关真相、知识、政策的宣传力度，特别对于偏远、落后的山区更得如此，帮助农牧民了解事实真相，揭露"东突"恐怖主义反人类、反社会、反政府的本来面貌。加大电台电视网络的覆盖率，强化在国际上的话语权。理直气壮地积极参与国际机制的建立，加大宣传力度。

4. 健全反恐机制

"东突"恐怖主义已对中国及周边地带安全构成压制。[②] 2016年8月30日，中国驻吉尔吉斯斯坦大使馆门口发生爆炸事件，导致1人死亡、3人受伤。[③] "东突恐怖事件"的发生警示中国西北边疆各级政府和干部要提高处置紧急突发事件的能力，提高危机应对能力和控制能力。进一步健全不同层级、不同层次的反恐应急机制，健全反恐预警机制、处置机制、善后机制、建设机制。建立完善快速反应处置系统，在发生不测事端时能及时、快速、有效地进行应对处置。加快建设快速反应应急救援体系，提高应急救援能力。充分发挥舆论媒体在应对处置中的作用，加大透明度，迅速、公开、透明地报道事实真相，揭露"东突"势力阴谋，利用世界舆论为我们服务，赢得支持。

5. 提升社会整体反恐能力

与"东突"势力的斗争是一个长期的、艰巨的、复杂的历程。随着时

[①] 王瀚林：《新兴媒体与国家边疆安全》，人民出版社，2016，第41~46页。
[②] 董漫远：《中国周边环境评估及政策选择（2010-2020）》，世界知识出版社，2015，第75页。
[③] 《中国驻吉尔吉斯斯坦使馆附近发生爆炸》，中国青年网，http://difang.gmw.cn/newspaper/2016-08/31/content_115771510.htm。

间的推移,"东突"势力有可能把事端引向内地。① 2008年北京奥运前发生的"3·7"炸机未遂案、2013年北京"10·28"天安门金水桥护栏事件、2014年昆明"3·1"严重暴力恐怖事件就是证明。因此,"东突"恐怖主义的威胁如果说以前在西北边疆地区,那么今后有可能发展到国内其他地方。而我国大部分地区民众和地方政府防恐反恐意识有待于进一步提升。因此,我们应增强全国国民防恐反恐意识,加强各级政府的防恐机制建设和应急预案建设,提高防控能力,防患于未然。

6. 促进四个认同

民族意识的复兴强化是当今世界发展趋势。我们要借势加强引导,进一步强化对伟大祖国、中华民族、中华文化、中国特色社会主义道路的认同教育,强化"四个认同"意识。一方面尊重少数民族习俗,坚持宗教信仰自由政策,另一方面要强化公民意识、国家认同、法制意识;一方面要坚持民族区域自治,另一方面要坚持各民族的平等和团结、互助、和谐,建设和巩固共同团结奋斗、共同繁荣发展的局面。

(三)落实"安邻、睦邻、富邻"的政策

中国共产党第十八次全国代表大会的政治报告指出,"统筹双边、多边、区域次区域开放合作,加快实施自由贸易区战略,推动同周边国家的互联互通。"② 以习近平为核心的党中央在保持外交大政方针延续性和稳定性的基础上,高瞻远瞩、总揽全局,通过一系列重大外交行动,将大国、周边、发展中国家、多边等工作密切结合、综合施策,推动了与各方关系的全面发展。在运筹外交全局中,突出周边在发展大局和外交全局中的重要作用,开展了一系列重大外交活动,通过高层互访,深化与周边国家之间的合作,形成了全方位的周边外交布局。

在2013年近一年的时间里,中国国家元首和政府首脑访问了12个周边国家,在如此短的时间内访问如此众多的国家,在历史上是极为罕见

---

① 余潇枫:《边疆安全学引论》,中国社会科学出版社,2013,第176页。
② 《"平语"近人——习近平在历次APEC会议上都谈过的话题》,新华网,http://news.xinhuanet.com/politics/2015-11/20/c_128447094.htm。

的。2014年，中国外交在走出大国外交阴影的基础上，强势推进周边外交。2015年，中国外交着重实施"一带一路"倡议，巩固和扩大周边外交成果。这反映出，新一届中国领导集体在拓展周边外交的过程中更具全球视野，更具进取意识，更有开创精神。

频繁的互访是中国与邻国之间睦邻友好关系的象征，因为高层互访只有在政治条件具备的情况下才能实现。在这个过程中，中国领导人与邻国领导人就共同关心的国际问题广泛交换意见，就发展双边各个领域的关系达成了广泛的共识。落实互访期间达成的协议，必将进一步推动中国与相关国家关系的进一步深入发展，形成中国与周边国家外交的新局面。

亚太地区是冷战结束以后世界上最为和平的地区。稳定的政治环境给这个地区的经济发展创造了条件，使这个地区成为世界经济中最为活跃的地区。进入21世纪的10多年来，区域内合作和本地区与其他地区合作并行不悖。亚洲地区内贸易额从8000亿美元增长到3万亿美元，亚洲同世界其他地区贸易额从1.5万亿美元增长到4.8万亿美元，中国同周边国家贸易额由1000多亿美元增至1.3万亿美元。[①] 中国已成为众多周边国家的最大贸易伙伴、最大出口市场、重要投资来源地。中国的发展为周边提供良好的机遇，中国也从合作中得到好处。在这个过程中，中国同亚洲和世界的利益融合达到前所未有的广度和深度。

中国的发展越来越依赖周边安全环境的配合。只有在一个相对稳定的外部环境中，中国才能在有限而宝贵的战略机遇期内实现经济平稳较快发展，并在发展中解决各种遗留问题，最终实现新一届政府所提出的复兴中华民族的"中国梦"。改革开放30多年来，中国完成了西方国家历时100多年的现代化进程，取得举世瞩目的发展成就，得益于和平稳定的周边环境，也促进了周边地区的稳定和繁荣。习近平指出，搞好周边外交是实现"两个一百年"奋斗目标、实现中华民族伟大复兴的"中国梦"的需要。他提出，巩固睦邻友好，深化互利合作，维护利用好中国发展的重要战略

---

① 《"牢固树立命运共同体意识"——习近平博鳌亚洲论坛2013年年会演讲释放和平发展信号》，新华网，http://news.xinhuanet.com/politics/2013-04/07/c_115296941.htm.

机遇期，对于维护国家主权、安全、发展利益具有重要的意义。要更加奋发有为地推进周边外交，为中国发展争取良好的周边环境，使中国发展更多惠及周边国家，实现共同发展。

另外，在发展与邻国的关系上，要坚持"与邻为善、以邻为伴"，坚持"睦邻、安邻、富邻"，①突出体现亲、诚、惠、容的理念。要坚持睦邻友好，守望相助；讲平等、重感情；常见面，多走动；多做得人心、暖人心的事，使周边国家对我们更友善、更亲近、更认同、更支持，增强亲和力、感召力、影响力。要诚心诚意对待周边国家，争取更多朋友和伙伴。

中国周边充满生机活力，有明显的发展优势和潜力。周边环境总体上是稳定的，睦邻友好、互利合作是周边国家对华关系的主流。但是，随着这个地区力量对比的变化，传统的和非传统的安全问题、旧的对历史的认识问题和新的陆地领土争端等，近年来引发了不同类型的危机，使这个地区的热点不断。中国政府在进行周边外交决策时，应该把中国的国家利益放在第一位，在坚定捍卫国家主权、安全和领土完整的基础上，推动周边国家通过对话谈判妥善处理分歧和摩擦，有效管控危机，确保中国西北边疆同周边国家接壤地区的和平稳定大局。

自1947年印度独立以来，印度西北边疆治理取得一定成效。如对克什米尔地区实现最大利益化的控制，遏制住旁遮普邦的民族分裂势力。这在一定程度上保障了印度西北边疆地区领土主权完整。但其西北边疆治理也存在一些失误。如地方主义盛行、极端主义泛滥、与中国和巴基斯坦两大邻国关系不稳定等。与印度西北边疆相邻的中国西北边疆地区自近代以来由于受到泛突厥思想的影响，民族分离倾向和产生恐怖主义的烈度较高。通过对印度西北边疆治理的研究来探讨我国西北边疆治理措施，将对我国西北边疆治理有着重大启示性意义。

---

① 王光厚：《从"睦邻"到"睦邻、安邻、富邻"——试析中国周边外交政策的转变》，《外交评论》2007年第3期，第38页。

整合国内资源：深化国际河流开发的前提*

刘 华**

摘 要：外交是内政的延续。要将国际河流开发打造成"一带一路"建设的重要组成部分和推动周边外交的重要抓手，在推进国际合作之前，首先需整合中央和地方、各个部委、政府市场、社会组织等国内各种资源要素，并正确处理涉及上述机制体制的重大问题，凝聚各部门各组织在推动国际河流开发过程中的最广泛共识，形成最强的国际河流开发合力，才能取得最佳的法律政策效果。

关键词：整合 国内资源 国际河流 开发

从 1998 年生态经济学家莱斯特·布朗和布莱恩·霍伟尔在美国《世界观察》上发表《中国缺水将动摇世界粮食安全》一文以来，关于中国水威胁、水霸权的论调层出不穷。[①] 2016 年湄公河大旱，我国应越南要求对景洪水电站开闸下泄以缓解下游旱情。这一得到柬埔寨、越南称赞的行

---

* 本文为 2015 年国家社科重点项目"国际视野下中国西南跨界河流开发风险与法律对策研究"（项目编号 15AGJ005）和 2015 年云南省教育厅重点项目"国际视野下中国与西南跨界河流风险与法律对策研究"（项目编号 20152116）的阶段性成果。
** 刘华，（1977-），男，四川射洪人，云南民族大学法学院副教授，四川大学西部边疆中心访问学者，四川大学法学院博士后，主要研究方向为水资源法律问题和民族法律问题。
① 主要事件如下。2003 年，中国在澜沧江建坝活动引发东南亚下游国家担忧。2005 年 9 月 4 日，俄罗斯《消息报》称中国的引水计划可能会使额尔齐斯河干涸，影响哈萨克斯坦境内下游 250 万名居民饮水。"俄罗斯可能因此有 100 多万人缺水，几十家企业停产"。2011 年中国在雅鲁藏布江的开发行动引发印度热议"中国水威胁"。

为，却被外媒解读为"水霸权"，① 即为最新例证。我国政府也不断采取相关措施努力消除下游国、外界的相关疑虑，② 学界也从国际层面进行了诸多研究和并提出相关建议。③ 但是，上述举措和建议却无法从根本上消除舆论危机。究其原因，除域外国家干预、流域国之间信任缺乏，相关协调机制欠缺等国际层面原因外，更重要的原因在于我国自身没有整合统筹国内的政治、经济、社会等资源，构建一套整体的国际河流开发策略。④ 因此，加强顶层设计，调动广泛的参与积性，统筹规划河流开发中涉及法律机制体制等重大问题，是形成最强开发合力，推进国际河流开发的重要前提。对此，我们应通盘考虑、整体推进。

一　合理配置央地职权，支持地方全方位参与国际河流开发

沿边省份在推进国际河流开发中与下游国家有地理相连、文化相近、

---

① Brahma Chellaney，"China's water hegemony in Asia"，http://www.livemint.com/Opinion/1qM2LdMPsMd0fLNrDUVjRK/Chinas-water-hegemony-in-Asia.html，最后访问日期：2016年8月28日。

② 这种举措在我国与西北、西南的相关流域国之间均有体现。如2002年中国与印度签署《中华人民共和国水利部与印度共和国水利部关于中方向印提供雅鲁藏布江/布拉马普特拉河汛期水文资料的谅解备忘录》；2003年，中国与哈萨克斯坦设立"中哈利用和保护跨界河流联合委员会"协商跨界河流相关问题；2006年中国与俄罗斯签署《关于中俄两国跨界水体水质联合检测的谅解备忘录》等文件；2008年中国与湄公河委员会签订《中华人民共和国水利部与湄公河委员会关于中国水利部向湄公河委员会秘书处提供澜沧江—湄公河汛期水文资料的协议》等文件。

③ 学者们先后提出了增强政治互信，共享水文信息，联合科研，完善治理全面参与机制；优化对外援助和对外投资结构，建立水资源补偿机制等意见和建议。具体参见何大明等《中国国际河流研究进展及展望》，《地理学报》2014年第9期；郭延军：《中国参与澜沧江——湄公河水资源治理：政策评估与未来走势》，《中国周边外交学刊》2015年第1期；杨晓萍：《超越"稀缺－冲突"视角：中印崛起背景下跨境水资源问题》，《国际论坛》2012年第4期；李志斐：《水与中国周边关系》，时事出版社，2015；王志坚：《水霸权、安全秩序与制度构建——国际河流水政治复合体研究》，社会科学文献出版社，2015。

④ 关于国际河流开发的内涵，一般认为其以水质、水量分配、洪水防控、水力发电、基础设施建设、合作管理等为主要内容。但是，从构建"亲诚惠容"的周边安全新体系角度讲，我们应依托国际河流开发，深化流域国在资源共享、经济开发、人员交流等方面的合作，使国际河流开发成为流域国的和平红利贡献者而不是麻烦制造者。

信仰相似、经贸联系密切等诸多优势,是国际河流开发的"桥头堡",也是以河流为纽带与周边国家开展经济人文交流的重要阵地。近年来,沿边省份积极推动国际河流开发,是若干国际河流开发政策的积极倡导者和具体执行者,充分发挥了其作为沿边开放前沿阵地的先锋作用。

总体上,我国的国际河流开发在中央和沿边省份的相互支持、密切配合下,取得了较好的经济效益、社会效益和周边效益。[①] 一方面,国务院及其部委总揽全局,在掌控沿边开放步伐,编制涉流域发展规划以及跨境基础设施建设方面,强调通过互联互通战略、联合巡逻执法等机制,[②] 在保障流域治安和生态安全的前提下,丰富国际河流开发内涵,鼓励沿边省份同周边邻国形成互惠互助共同发展的多赢局面。[③] 另一方面,沿边省份在规划地区经贸发展中,也大多依托国际河流制订本地经济发展、扶贫脱困、旅游开发等战略规划,并借助国际河流及其周边资源、地缘、人文等优势,打造次区域经贸带。未来,在构建"扩大内陆沿边开放"这一开放经济新体制过程中,仍要充分发挥地方的积极性与创造力,以国际河流开发为纽带,推动上下游国家联动,促进次区域经济发展。

第一,恰当把握政策的全国普遍性与地区差异性。我国的国际河流开发总体上由松花江区、西南诸河区、西北诸河区和珠江区四个片区构成,其中又以西南诸河区(红河、澜沧江、怒江、雅鲁藏布江以及藏南诸河和藏西诸河)开发最为活跃,各个区域均有相应的沿边省份。因四个区域的

[①] 以大湄公河次区域为例,2014年云南与GMS五国间的贸易达110.7亿美元(昆明海关,http://kunming.customs.gov.cn/publish/portal174/tab61642/module168591/page2.htm,最后访问日期:2016年8月16日)。2015年,中国与GMS五国的双边贸易额在全球经济不景气的影响下,仍有108.3亿美元(昆明海关,http://kunming.customs.gov.cn/publish/portal174/tab61642/,最后访问日期:2016年8月30日)。

[②] 例如,2000年4月,中国、老挝、缅甸、泰国签订《从中国思茅港到老挝琅勃拉邦商船自由通航的协定》。在湄公河惨案发生之后,在我国倡导下又形成了中老缅泰湄公河联合巡逻执法机制,维护湄公河安全。

[③] 例如,2015年3月,国家发改委、外交部、商务部经国务院授权发布的《推动共建丝绸之路经济带和21世纪海上丝绸之路的愿景与行动》中提到的孟中印缅经济走廊建设、打造大湄公河次区域经济合作新高地、西藏与尼泊尔等国家边境贸易和旅游文化合作等,均涉及丰富相关国际河流开发等内容。

邻国经济社会发展水平不同，其对国际河流开发的期待也各有不同。① 沿边省份在制定国际河流开发政策中突出地域特色，凸显个体差异是对国际河流实际情况的客观反映。如，云南以湄公河为基础积极推进流域跨境经贸合作；东北通过三江（黑龙江、鸭绿江、图们江）推进水上战略通道建设，寻求东北亚合作新平台；广西则发挥其毗邻北部湾的地域优势深化同越南、菲律宾、泰国等东盟沿海国家的经贸合作，努力提升一体化合作水平；云南、西藏目前正在积极探索以喜马拉雅山为基础，以雅鲁藏布江为纽带的"环喜马拉雅山经济带"。这些开发活动均是在对各自周边环境进行认真考察的基础上提出的，虽差异显著但符合实际。

与此同时，上述以国际河流为依托的开发计划也存在诸多共性。这主要体现在基础设施建设、经济走廊建设方面。针对这两大共同需求而进行的建设，应在中央主导下整体推进，并及时总结相关经验教训，为以后形成法治化、规范化的开发机制先行先试，积累经验。

第二，合理划分国际河流开发中的中央事权与地方事权。沿边省份的前沿地理位置决定其与周边国家经济、社会和文化交流最多，也决定了中央应授予其在国际河流开发中更多地方自主权的必要性，以及尊重沿边省份在国际河流开发中的政策首创功能。但是，授权并非意味着放任不管。中央对地方的国际河流开发行为进行必要的指导和规范，既是掌控全局的需要，也是规范下级开发行为的需要。沿边省份参与国际河流开发合作的积极性主要来自开发活动带来的经济效益。地方经济视角有可能使开发行为偏离国家整体经济利益、周边安全需要的轨道。对此，中央应站在更高的层次，从整体出发，恰当运用宏观调控方式防止国际河流开发片面照顾地方利益，开发过程过于考虑经济利益而忽视国家安全利益和战略利益。中央及其部委应从国家整体利益出发，在尊重地区差异的前提下，统筹定

---

① 例如在东北亚的黑龙江、乌苏里江和鸭绿江，涉及中国、俄罗斯、蒙古和朝鲜四国，其国际河流开发主要围绕水质保护展开，2006年中俄签署了《跨界水体水质联合监测协议》，2008年又签署《跨界水体利用和保护合作协议》。在西北地区的开发行为主要是中国和哈萨克斯坦围绕伊犁河和额尔齐斯河的水资源分配问题而展开。当前两国正在磋商《中华人民共和国政府和哈萨克斯坦共和国政府跨界河流水量分配协议》（2015年）。

位不同区域的国际河流开发行为，避免原本内涵丰富的国际河流开发行为单一化、片面化，避免沿边省份在国际河流开发中的趋同和无序竞争现象。

就国际河流开发过程中某些具体事权划分来说。涉及关税、人民币地区化、双边货币结算、通关制度等相关法律政策的制定修改需以中央为主导。对于其他涉及跨境经济合作区、航运、人员往来、边境贸易、经济走廊建设、旅游、加工物流以及农业合作等，中央应充分授权地方，赋予其一定的自主权，允许其在一定范围内或以一定的特殊方式实行特殊政策。①需要强调的是，这里的特殊是在服从中央整体利益下的特殊，而不是只顾地方不顾全局的特殊。

第三，统筹不同河段省份/地区与非流域省份功能，形成各个省份全方位参与国际河流开发的新格局。国际河流开发是涉及生态、农业、经贸、移民扶贫以及基础设施建设等多领域的综合项目。沿边省份虽是开发的排头兵，但由于其经济发展水平相对滞后以及广阔的流域范围注定其难以仅凭一省之力既完成生态保护的任务，又完成有效拉动周边经济发展的任务。因而，国家需要构建贯穿流域打破地域限制的跨区域协调发展机制，引导经济发达省份参与开发，协调与上下游省份/地区的生态功能定位。如此，才能调动国内区域力量，深化国际河流开发，有效激发下游流域国家的参与积极性，扩展国际河流开发战略空间，提升流域带的整体经济实力。

就上游省份/地区而言，由于地理位置导致河流落差大、河槽多为基岩或砾岩，其经济开发价值低，应侧重于履行生态保护、水源保护功能，中下游在获取开发红利的同时考虑上游对河流开发做出的生态贡献，通过生态补偿等方式对其予以经济补偿。就非流域省份而言，则应通过公路、航运等方式，带动物流、人流、信息流和资本流在国际河流沿岸进行合理布局。在建设大湄公河次区域过程中，就应考虑四川、重庆等省市的经济

---

① 例如，根据《个体工商户条例》规定，外国人禁止在我国从事个体工商活动。但是，在河流边境口岸地区，考虑到经贸往来的必要，应允许外国人在边境口岸地区办理个体户工商营业执照。既能规范化管理也能增加相应税收。刘华：《河口瑶族自治县外籍非法务工人员调查报告》，未刊稿。

优势。在北部湾开发过程中，就要借助上海、广东、福建、江西等省市的经济优势，形成上下游联动、沿边内地统筹、流域非流域地区相互呼应的格局。在方式上可以结合这些省份自身的经济优势和需求，有重点、有针对性地对下游流域国某个区域或行业进行定向投资，扩大与该区域的经贸合作，强化对下游流域国的经济影响力和引导力。

二 强化部委协调，综合谋划国际河流开发战略

国际河流开发涉及范围广泛，相关开发规划、政策制定和项目审批分属不同部委，因而在国际河流开发过程中强化部际协调十分必要。

第一，通过部际协调机制，保障外交部门在国际河流开发中的参与权。在我国外交重点已经从大国转向周边的背景下，促进国际河流开发必然是外事工作的重要内容。在这种基本方针指导下，特别是在"一带一路"倡议的背景下，国际河流开发的重要目的之一在于构建更紧密的经贸、人文等网络，外事工作理应以政促经，为这一目标服务。外交部门则应"通过广泛开展经贸技术互利合作，形成深度交通的互利合作网络"，[①]为国际河流开发创造良好的周边环境。

国际河流开发的内容主要由水电开发、生态保护、贸易、扶贫、农业合作、投资并辅之以相关货币金融、航运安全等构成。其中重要经济政策均由相应的主管部委制定审批。水利部门主管以地表水为主的水资源；国家林业部门主管国际河流国内段的周边森林资源保护；环保部主管水域环境保护；商务部门主管跨境经贸合作；农业部主管农业用水；国土部主管地下水资源和保护流域的工程项目；国家发改委主管水电项目审批与沿边开发政策；国家能源局主管水电开发；交通运输部主管河流航运等。[②] 外交部门不是上述任何一项国际河流开发政策的直接制定者，但是上述任何事项，无论是国内河段开发还是国外河段开发所产生的国际纠纷，外交部

[①] 《中央外事工作会议在京举行》，《人民日报》2014年11月30日，第1版。
[②] 笔者根据中央政府官方网站整理，http://www.gov.cn/，最后访问日期：2016年1月6日。

必然是纠纷处理的第一部门。要避免上述权责不一的问题，就需要在决策环节进行制度完善。就水资源管理体制而言，我国虽已建立如长江水利委员会等跨流域管理机构，但这仅是水利部直属事业单位，难以完成国际河流开发所需职责。在目前国家已经建立金融监管协调、全国流通工作、国际科技合作等部际协调机制的基础上，应考虑针对国际河流开发设立部际协调机制。① 借由该协调机制，外交部门能顺利参与相关决策，发挥其应有作用。针对政策制定过程中的偏重经济，忽视国际河流开发中可能涉及的跨境宗教、开发地政治等风险的问题，外交部门能凭借其经验进行合理提示，针对潜在开发风险制定预案。

在大周边外交格局下，外交工作服务于国际河流开发经济职能的同时，国际河流开发也要为外交工作服务。国际河流开发活动要重视"以经促政"，使国际河流开发成为中国融合周边、影响周边，共建经贸安全网络的重要抓手。因此，加强外交部门在国际河流开发政策制定过程中的话语权十分必要。对此，可通过部际协调机制，保障其在决策环节的发言权。这既能给国际河流开发带来更多的外交思维，又能借助外交部对相关国家的了解、熟悉，保障决策的科学、合理。外交部也要加强对国际河流开发政策的研究，强化自身在信息收集分析、人才培养方面的能力建设。

第二，通过部际协调机制，保障相关部委之间的协调。国际河流开发政策制定牵涉部委众多，不同部委在职责、立场、功能上的不同，极易出现步调不一，立场相左的问题。因此，除了加强外交部门同各部委之间的协调外，也需对各部委之间的合作进行协调。以当前我国国际河流开发管理体制为例，虽然水资源的所有者是单一主体，但是管理却分属不同部门。部门林立、权力牵制、职能交叉导致协调难度大，开发效率低。水利部门主管以地表水为主的水资源，但是环保部门却重视流域周边生态保护和水质保障。对于与国际河流关系密切的地下水资源却又属于国土部门管

---

① 2015年9月15日，发改委已明确表示，为推进《关于在部分区域系统推进全面创新改革试验的总体方案》，要在国家科技体制改革和创新体系建设领导小组下，建立一个部际协调机制。同样，国际河流开发应在"一带一路"建设工作领导小组下设置"国际河流开发部际协调机制"，以保障国际河流开发的系统推进。

辖。不同部门的不同职责并未达到国际河流开发中各司其职相互配合的理想效果，反而常常出现推诿扯皮、相互指责的问题，进而导致前期风险评估不足、风险发生时应对失据等问题。① 更严重的后果在于，由于我们内部的不一致，导致部门间信息沟通不畅，在与下游国家协商谈判中极易处于被动地位，严重影响了国际河流开发作为深化周边合作的抓手作用。

将国际河流开发职能分别由不同部门分管是现代政府专业分工的需要，有其必要性和合理性。但是在构建大周边外交的背景下，这种决策分工体制的弊端在于：职能分离的现状使开发行为难以形成合力，难以为国家整体外交战略服务，实践中容易造成重视经济利益而忽视周边安全利益等问题。② 开发行为注重从成本收益、投资回报等角度考虑，而忽视其可能存在的生态安全和国际政治风险等问题。国家在推进周边外交中的打造周边命运共同体、维护周边稳定关系、构建中国话语权等国家利益诉求难以通过国际河流开发得到体现。国际河流开发行为和国家周边外交战略目标脱节，无法为周边外交发挥更多的经济资源和生态资源支撑作用，我国的外交目标也难以通过国际河流开发获得更多的优势话语权，相关"弘义融利"的目标也难以及时实现。

建立部际协调机制的目的不是限制相关部委的职权，而是要确保从国家战略高度进行决策，确保决策能超越部门利益，服务于周边外交需要，能促进周边命运共同体建设，使国际河流开发成为保障水资源可持续发展，编织与相关流域国更加紧密的经贸人文网络的重要手段。因此，我们应着眼于统筹国际河流开发所需资源，防止河流综合开发过程中的单一化、部门化、简单化和碎片化影响周边命运共同体的整体推进。构建协同

---

① 典型的例子是2003年怒江水电站开发过程中，环保部（当时为环保总局）与国家发改委在是否建设怒江水电站中立场明显存在分歧（汪劲：《中外环境影响评价制度比较研究》，北京大学出版社，2006，第324页）。
② 例如2011年停建的缅甸密松水电站项目就是典型事例。水电站项目暂停原因复杂，但在项目论证过程中，承建单位未能充分考虑位于缅北武装冲突地区的坝址所存在的政治风险，是导致项目开工后争议不断的重要因素。项目暂停后，给中缅经贸带来巨大影响。中国对缅投资急剧萎缩，从875.61亿美元（2010年）下降到217.82亿美元（2011年）。虽然之后中缅贸易又迅速恢复，但是其对我国投资缅甸其他资源类项目的影响却是深远的，教训也是深刻的。

推进、利益兼顾和机制畅通的国际河流开发体制，关键是通过顶层设计的统揽优势，在更高层面加强集中统一，密切部委间的沟通，构建在事项、信息之间的定期交流机制。在完善国际河流开发的部际协调机制中，要改变以前片面的经济思路，重视外交思维，让外交部门同其他部委在各自职权范围内，共同努力，确保国家国土安全、经济安全、生态安全和可持续发展能力得到综合实现。

三　合理分配市场与政府的角色，合力开发国际河流

政府和市场是我国进行国际河流开发的两大主体。摆正二者的关系，使其功能互补、利益共享，既有分工，又能合作，共同促进国际河流的开发，是河流开发过程中政府与市场关系的理想状态。让市场在国际河流开发的资源配置中起决定性作用，是未来国际河流开发的基本立足点。

第一，准确定位政府与市场的功能。国际河流开发的市场环境建设，首先要摆正政府与市场、社会的关系。政府的职能在于以法律与政策为导向，制定相关开发蓝图，明确每条国际河流的开发目标，规范开发行为，培育开发环境。其次，要加强与周边国家在信息交流、制度对接、共同参与、联合执法等方面的沟通合作，引导市场主体参与到国际河流开发中来。市场主体则是根据市场需求，确立投资目标，制定经营策略。企业和个人是国际河流开发的主体，政府要尊重市场规律，通过向企业和个体提供相关服务的方式，激发国际河流开发活力。同时，政府行为也并非一味被动，也需要通过积极制定法规与政策，规范国际河流开发过程中的经营活动，使其在市场的规则下运行。例如，我国可考虑发布针对流域的风险评估报告，[1] 以此指导相关投资活动。

第二，调节好国企与民企在国际河流开发中的关系。政府工作的核心

---

[1] 当前在商务部虽然有国别报告，但是从其发布国别看，与国际河流开发密切相关的缅甸、老挝、越南、朝鲜等国，并未出现在其网站中。从其发布内容看，仅限于经贸数据统计，而与境外投资所需的相关法律风险、政治风险等内容并未发布。

在于培育一个公平、公正、开放的市场，同等对待每一个参与国际河流开发的市场主体。同时，政府也要在尊重市场规律的前提下，协调不同市场主体参与国际河流开发的活动，繁荣国际河流开发活动。

国有企业基于其规模、资金、技术和人员等优势，是当前国际河流开发活动的主力，具有不可替代的作用。同时，其国有的性质，也使得其能更好地服务于国家战略，落实国际河流开发的相关政策。从国有企业的类型看，中央企业是国际河流开发的最重要载体，是相关大型项目的最大投资者，也是相关大型项目的主要承接力量。中国水电集团、华能集团、三峡集团、大唐发电集团等能源公司在澜沧江-湄公河、红河-元江、伊洛瓦底江、雅鲁藏布江等国际河流上的水电投资，是中央企业参与国际河流开发的典型代表。除央企外，地方国有企业也结合自身特色和优势，积极参与国际河流开发建设。例如，近年云南国企先后参与了缅甸、柬埔寨等国的水能开发项目。① 在取得成绩的同时，我们也要看到，国有企业参与国际河流开发虽有规模大、见效明显等优势，但也因其开发结构单一，极易成为境外 NGO 攻击目标。一旦出现问题，不仅影响国有企业海外投资的步伐，也会波及周边关系。未来，在充分遵守市场规律和所在国法律的基础上，国有企业参与国际河流开发的风险管控能力需进一步提高，开发功能需进一步完善。

与此同时，政府还要更加重视鼓励和推动有实力的非公有制企业参与

---

① 如云南机械设备进出口有限公司承建缅甸瑞旱大水库，以解决其附近的农田灌溉等问题（《吴登盛总统为云南承建的瑞旱大水库开幕》，http：//www.mhwmm.com/Ch/News-View.asp？ID=14487，最后访问日期：2016 年 1 月 6 日）。云南东南亚经济技术投资实业有限公司负责投资、建设、运营的柬埔寨斯登沃代 120MW 水电站项目（云南省对外投资合作网，http：//www.ynoiec.gov.cn/htmlswt/nobody/2014/0404/news_5_239644.html，最后访问日期：2015 年 12 月 9 日）；云南联合电力开发有限公司修建的缅甸瑞丽江一级水电站（《瑞丽江电站成中缅合作典范》，新华网，http：//www.yn.xinhuanet.com/asean/2013-08/26/c_132662832.htm，最后访问日期：2015 年 12 月 9 日）；大唐（云南）水电联合开发有限责任公司修建的缅甸太平江一级水电站（《缅甸太平江一级水电站全部建成投产》，《云南水力发电》2011 年第 2 期）；以及目前正由云南能投集团主导的缅甸诺昌卡河古浪梯级电站项目可行性研究报告获缅甸电力部批准（云南省能源投资集团有限公司，http：//www.cnyeig.com/information/8719.whtml，最后访问日期：2015 年 12 月 9 日）。

国际河流开发，为其提供公正、公开、透明的营商环境。其一，从长期趋势看，民间投资是国际河流开发投资的长期力量。国有企业限于项目与规模，其对国际河流的投资必然有一定投资倾向性和投资盲点。而民营企业能极大的弥补上述不足，丰富国际河流开发结构。未来，民意企业必将是国际河流投资的新兴力量和国际河流开发的长久性和持续性的保证力量。其二，民间投资能完善国际河流开发结构，使流域国之间的联系更加紧密。民间投资多侧重于农业种植、加工制造、旅游、经贸、房地产等民生领域。这些投资与当地民众的生活有更直接的联系，能更好地加强彼此的关系。其三，民营企业投资国际河流开发有较多优势。民间资本多投资于农业、轻工业、服务业，能更好地解决当地就业问题，给民众带去更实惠的经济利益。其四，民营企业大量投资国际河流，既是我国市场经济进一步发展完善的表现，同时也能淡化我国资本在国际河流投资中的国家色彩、政治色彩。这能更好地塑造我国在国际河流开发中的公平角色，避免"水霸权"等不实指责，也有助于在周边地区树立积极正面的合作形象，提升国家软实力。

国有企业和民营企业都是中国经济的重要力量，缺一不可。二者的合作能丰富国际河流开发的内容，能多层次的强化与其他流域国的经济联系。因此，在相关投资建设过程中，我们应通过交叉持股、PPP等合作模式，淡化相关资本的国有属性，支持国有资本和民营资本（包括其他国际资本）在市场经济的原则下共同参与重要的国际河流开发项目。同时，政府要消除在融资、外汇、人员等方面的体制障碍，通过构建更加公平、公正的市场法律服务体系，确保两者在国际河流开发过程中，形成分工合理、互为补充和共同发展的开发态势。在市场层面，要注意引导金融资本和产业资本在国际河流开发中的战略合作，通过亚投行、丝路基金以及金砖国家开发银行的引领带动作用，不断扩大中国各类金融机构在流域国的业务布点，并拓宽相关业务范围，为中国产业资本融资提供便捷，为中资企业参与国际河流开发提供有力的金融保障。

第三，协调政府与市场的利益。二者立场不同，利益诉求也不相同。政府是以维护整个市场的健康运行为目标，而市场主体则更多以自身利益最大化为追求目标。政府和市场要想在国际河流开发过程中相得益彰、相辅相成,就要协调好政府与市场的利益,一方面要防止政府为了某些政治利益而不顾经济利益强制推进开发项目,另一方面也要防止为了经济利益而不顾相关政治利益的现象,从而影响国家的周边外交战略的行为。

四 调动社会组织参与国际河流开发的积极性,促进开发活动的多元参与

从近年我国参与国际河流开发项目的实践来看,虽然取得了不小的成绩,但也被一些西方媒体刻画为"新殖民主义",[①] 缺乏社会责任感。出现这样的评论,既与西方媒体对我国的偏见有关,也与我国企业与项目所在地居民和相关 NGO 的沟通技巧不足有关,也与对当地社区文化了解不够有关。与以往的对外援助不同。以往的对外援助多是在当地政府的协助下开展援助工作。但是,国际河流开发中的项目投资,则应更多地遵守市场经济规则,企业要学会直接面对当地民众,面对当地社区。而这一要求恰恰是我国企业在以往的对外援助中没有遇见的新问题、新情况。

第一,我国企业要从理念、操作层面重新思考与国际 NGO、当地居民对话接触的方式和路径。随着社会的发展,人们对国际河流的治理理念也在不断变化之中,当前更倾向于综合化、整体化进行治理开发。[②] 一些以绿色、人权为理念的国际 NGO 关注国际河流开发是正当的,可以理解的。开发企业与其进行对话合作是必要的,也是应当的。我国参与国际河流开发的时间不长,关注生态的时间也不长。在一些理念与行动方面与国际先进做法还存在一定距离和一些冲突是必然的。[③] 这些差异对我国参与国际

[①] Damian Grammaticas,"Chinese Colonialism?", http://www.bbc.com/news/world-asia-18901656,最后访问日期:2016 年 8 月 20 日。
[②] 王锋:《水资源整体性治理:国际经验与启示》,《理论建设》2015 年第 4 期,第 101~106 页。
[③] 相关报告如:世界自然基金会(WWF)编制的《水坝立场 2015》(2015 年 5 月 26 日)、耶鲁大学森林与环境研究学院、WWF(世界自然基金会)共同发布的《中国跨国企业的环境和社会风险管理》(2015 年 7 月 30 日)、缅甸河流网的《健康的河流,幸福的邻居——对中国在缅甸开发水电的评论》(2009 年 6 月 5 日)。

河流开发形成了挑战。同时，我们也要看到，通过与国际 NGO 进行对话合作也是我国企业提升自己绿色理念、人权理念，开阔国际视野的机遇。因此，我们应以开放的心态与秉持绿色理念、人权理念的国际 NGO 进行合作对话，以提升自己的公关能力和水平。近年来，我国企业在这方面也做出了不少努力，取得了一些成就，但合作还需推进，合作方式还需改善。企业与国际 NGO 的合作可以"增强信任为先，具体合作跟进"的方式进行。可以先通过共同召开相关会议等方式增加彼此的信任。同时，也应在这之后，在探讨具体的沟通协调内容。以达到广传真相，化解误解，稀释敌意，释放善意的目的。在具体机制建设方面，应在企业社会部里增加相关人员，并配置通晓当地语言的工作人员。同时对国际 NGO 提出的实地勘察等要求，应尽量在交通、座谈、资料提供等方面提供便利。

第二，探索我国企业与我国 NGO 合作推进国际河流开发的机制，加速开发企业的"在地化"进程。在全球化时代，企业必须加速"在地化"才能适应地方需求，才能快速发展。但是，我国企业在进入当地民间社区过程中，缺少必要的"引路人"和"帮手"，只能依靠我国驻外使领馆和企业的一些人员处理相关问题，而使领馆人员基于身份等敏感因素，又只能通过当地政府进行沟通协调。这种交流方式的弊端在于我国企业缺乏直接与当地民众接触的机会，也难以直接从当地社区获得一手信息。信息的不对称与沟通不畅极易使得相关本意良好的援助项目异化为引发当地冲突的导火线。[①] 因此，我们有必要寻求"帮手"，与当地社区开展前期合作，了解社区实情，增加彼此之间的信任。我国 NGO 虽然发展时间不长，但是一些 NGO 已经较为成熟，具备"走出去"的能力。企业应与其开展合作，借助 NGO 的中立色彩，对当地社区开展能力建设、人道主义援助等有针对性的项目活动，以摸清投资地的具体情况，避免盲目援助，以有效管控风险。这也能促进企业更快地实现"在地化"，成为当地社区接纳的企业。首先，我们的企业需转变观念，认识到 NGO 在帮助企业"在地化"进程

---

① 例如在一些存在地方冲突、地方武装的地区投资大型水电项目时，相关援助物资由于无法同时满足冲突双方的需求，极易成为冲突另一方的攻击目标，进而拖累整个项目的推进。

中的积极作用。NGO深入社区、直接面对民众的活动特点,决定了它能获得社区需求与发展的第一手资料和信息。这对企业与当地社区进行顺利沟通协调十分必要。其次,在具体合作方式上,企业应以第三方角色参与到社区建设中。一方面,企业可以在国内通过定向捐助的方式,支持一些支持型社会组织开展相关活动,① 以吸引更多具备条件的NGO参与到具体的社区建设中去。另一方面,在面对当地社会的过程中,鉴于企业对当地社区的陌生,企业应以第三方的方式,在NGO的引导下,参与到当地社区建设中,以避免潜在风险影响项目投资。最后,在NGO进入当地社区的方式上,应鼓励我国具备相应条件的NGO通过单独或与当地NGO合作的方式进行中长期、短期的公益活动、人道主义援助等项目。这一方面能使企业更集中精力进行项目开发,而不是分散精力从事自己并不擅长的社会公益等活动;另一方面也能使我国的国际河流开发活动内涵更加丰富,更能体现开发活动对流域周边民众生活的促进作用,帮助流域周边民众对我国推进的开发活动的支持与认可。

结 语

国际河流开发是生态保护、经济发展和稳定周边的有机结合,涉及国际内外两大领域,需要在整合内部力量的前提下调动国外力量共同推进。没有国内力量的整合就容易使国际河流开发成为应付外界担忧和指责的单纯外交行为。维护我国国际河流权益的行为也缺乏内在支撑。因此,相关开发政策的制定需要整合国内相关力量,特别要整合各个地方、部委的行政力量,创新和完善决策机制,协调政府与市场、社会组织等各类行为主体的关系,发挥其积极性和创造性,形成合力,共同处理开发过程中可能出现的各种体制机制等问题。

---

① 支持型社会组织是专门为其他社会组织提供服务和支持的一类社会组织,是其他社会组织的网络平台,这类组织也称为伞状组织、组织联盟、枢纽组织等。企业通过对他们的支持,再由他们去寻找合适在投资地开展公益活动的组织进行前期的在地融入,以更加清楚地了解当地社会,减少企业在地化的阻力。

中印合作与竞争关系分析：
基于1998年以来的中英文文本

张淑兰　徐炜丹*

摘　要：基于研究条件、研究对象、可行性和必要性，本文对1998年以来的中英文文本进行了选择和分析。宏观上的中印关系具有竞合二元属性，合作的认可度略高于竞争的认可度。中印互动的具体领域主要有气候、科技与反恐，经贸、能源、地缘政治；除地缘政治领域，另三个领域的合作认可度均大大高于竞争的认可度；除能源领域，另三个领域的竞争认可度排序与合作认可度排序一致。依据认可度，影响中印关系的关键议题依次为中印边界、西藏问题、中巴关系和经贸摩擦等问题；推进中印合作的路径依次为增进互信、加强社会文化联系和遵守相互理解、相互尊重、互惠互利的原则。

关键词：中印关系　竞争　合作　竞合　认可度

中印合作与竞争问题是中印关系的重要内容。合作有利于两国关系的进一步深化和长期发展；竞争一方面可能为中印关系发展提供契机与动力，另一方面可能成为影响中印关系的不利因素，甚至可能升级为冲突。对于中印合作与竞争问题，国内外的研究成果颇为丰富，但对于中印合作与竞争的具体态势，迄今缺乏一个在较为全面的数据分析基础上的系统把

---

* 张淑兰，山东大学当代社会主义研究所研究员、山东大学政治学与公共管理学院教授；徐炜丹，北京大学国际政治专业博士研究生，研究方向为南亚地区研究。

握。本文予以尝试，冀此来准确把握中印合作与竞争关系，推动两国关系的进一步良性发展。

一 文本分析的选择

国内外学界对中印关系的研究经常使用的时间限定词一般是"冷战时期"、"冷战后"或"21世纪以来"等。本文选择以1998年为界，是因为1998年印度成功地进行了核试验，并在国际社会上宣称其主要目的之一是防范来自中国的威胁，从而对中印关系造成了极为负面的影响，中印关系发展进入了明显的下行期。最重要的原因是，1998年核试验后，印度与中国一样属于世界上少数的有核国家，这直接影响到两国的国际地位，进而对全面的中印关系产生了重大影响。

之所以选择中英文文本，自然是由于作者本身的语言条件所限，但更重要的原因是基于研究对象。中国自不必言，印度的官方语言尽管是印地语和英语，但对国家决策有重大影响的精英阶层普遍使用英语。最重要的原因是英语为当今世界最通用的语言，掌握了国际的话语权。那些能够对中印关系产生重大影响的世界大国基本上都是英语国家，如美国、英国、澳大利亚、加拿大等。

文本来源主要有三个。第一个来源是在中印关系研究领域享有较高知名度的国内外学者的代表性作品。中文作者主要有上海国际问题研究院的赵干城和吴永年、复旦大学的张贵洪、四川大学的文富德、中国现代国际关系研究院的马加力、北京大学的张敏秋、中国社会科学院的王宏纬、中国国际问题研究院的郑瑞祥和叶正佳等。英文作者主要有印度尼赫鲁大学的辛格（Swaran Singh）、印度中国研究中心的莫汉蒂（Manoranjan Mohanty）、美国檀香山大学的马利克（Mohan Malik）、美国佐治亚理工学院的高龙江（John W. Garver）、英国布鲁奈尔大学的大卫·斯科特（David Scott）、澳大利亚悉尼大学的袁劲东（Jingdong Yuan）、新加坡国立大学的巴杰帕伊（Kanti Bajpai）、帕里特（Amitendu Palit）等。第二个来源是曾经任职于中印外交部门、之后从事研究的著名人士的作品。中文作者主要有中国驻印度前大使周刚、中国驻印度大使馆前参赞程瑞声等。英文作者主要有曾在印度外交部门供职的白蜜雅（Mira Sinha Bhattacharjea）、前驻华大使任嘉德（C. V. Ranganathan）、曾任印度外交国务秘书的西克里（Rajiv Sikri）等。第三个来源是其他作者的作品，但这些作品均发表在国内外中印研究的知名期刊上，中文有《南亚研究》《南亚研究季刊》等，英文有 China Report、Journal of International Affairs 等。自 1998 年以来，与"中印合作与竞争"问题直接相关的中英文著作共 20 部，中文和英文各 10 部；中英文论文共 112 篇，中文 70 篇，英文 42 篇；共涉及国内外作者 102 人，中文作者 50 人，英文作者 52 人。[1]

文本分析的标准。定性方面，将作者们的观点分为"共识点"和"分歧点"。"共识点"是就某一问题大多数作者所持的相同观点，"分歧点"是就同一问题作者之间的不同观点。定量方面，本文设定，就某一问题，若 70% 左右的学者持相同观点，则为"共识点"，否则为"分歧点"。与此相关的概念是"认可度"，即就某一问题持同一观点的作者占研究该问题作者总人数的比例。若某一作者的观点存在差异或变化，以发表时间较晚的作品为分析依据。

二 中印合作与竞争关系的主流

不言而喻，中印之间既有合作也有竞争，但到底是合作为主还是竞争为主？抑或，是否有主流？共有 36 名作者[2]对此问题进行了研究。15

---

[1] 详情请参阅附录。需特别说明的是，文本搜集得到了国内外学者的大量帮助，在此郑重感谢。
[2] 国内作者有：陈宗海（a, c）；程瑞声（b）；王宏纬（a, b, d, e）；吴永年、杨文武（a）；郑瑞祥；周刚（a, c, e）；张占顺；张立；马加力（a）；张贵洪（a）；杨思灵、高会平、袁春生；罗雄飞；蓝建学（a, c, d）；赵干城；国外作者有：Gillian Goh Hui Lynn；David Scott（a）；John W Garver（a, d）；Jingdong Yuan；Mohan Malik（a, b, c）；Swaran Singh（d）；Susan L. Shirk；SumitGanguly；Mark Frazier；AshletTellis；Steven Hoffman；Jean-Francois Huchet；Shashank Joshi；Francine R. Frankel；Yasheng Huang；Waheguru Pal Singh Sidhu；ManoranjanMohanty；Alan R. Namkervis；David M. Malone。

名作者①认为中印关系前景广阔,合作是主流;16 名作者②认为中印之间以竞争关系为主流,合作只存在于十分有限的领域;5 名作者③认为中印之间合作与竞争没有主流(见图1)。

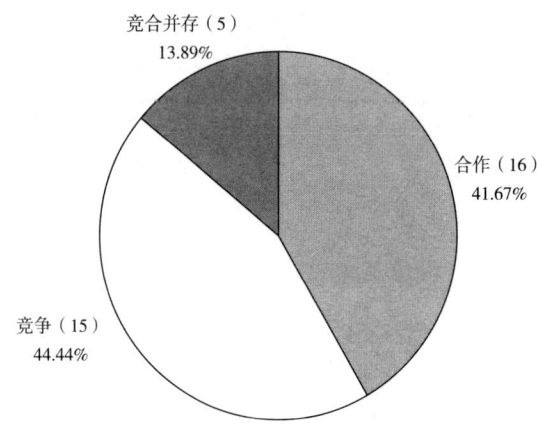

图1 中印之间合作与竞争何为主流(认可度)

那些认为中印关系以合作为主流的作者,以中文作者为主,既有学者,也有曾在外交部门任职的官员。学者乐观的理由是,尽管中印之间存在一些竞争或矛盾,但是近年来,随着中印双方的共同努力,这些竞争和矛盾都处于可控范围内,并不会影响中印两国整体关系的走向。更加重要的是,中印作为两个正在崛起中的新兴大国,在政治、经济等各个领域都有着广泛的合作基础,尤其是在中印两国高层互访

---

① 国内作者有:陈宗海(a, c);程瑞声(b);王宏纬(a, b, d, e);吴永年、杨文武(a);郑瑞祥;周刚(a, c, e);张占顺;张立;马加力(a);张贵洪(a);杨思灵、高会平、袁春生;国外作者有:Gillian Goh Hui Lynn。
② 国内作者有:罗雄飞;国外作者有:David Scott(a);John W Garver(a, d);Jingdong Yuan;Mohan Malik(a, b, c);Swaran Singh(d);Susan L. Shirk;Sumit Ganguly;Mark Frazier;Ashlet Tellis;Steven Hoffman;Jean-Francois Huchet;Shashank Joshi;Francine R. Frankel;Yasheng Huang;Waheguru Pal Singh Sidhu。
③ 国内作者有:蓝建学(a, c, d);赵干城;国外作者有:Manoranjan Mohanty;Alan R. Namkervis;David M. Malone。

频繁、经济联系更加紧密的背景下，中印两国合作是历史发展的必然。① 前任官员乐观的理由是，近年来中印两国互信不断加强，领导人频繁互见，双边贸易额不断增加，经济依存度越来越高，民间友好往来也不断发展，中印已经成为双方不可忽视的重要伙伴。重要的是，中印两国始终对边界问题等关键议题保持对话和接触，双方在国际层面也有共同的利益，共同积极参与多边合作，因此，中印关系有着光明的未来。②

那些认为中印之间以竞争为主流的作者，以英文作者为主。他们的理由是，经济上，中印双方对市场、资源都有着同样的需求，双方经济的非对称性增长也加剧了中印两国的竞争；安全上，两国遗留着边界问题，也均采取均势制衡政策以确保自身利益；意识形态上，双方互信不足，交流缺失，对对方的意图无法准确把握；政治上，两国之间存在中巴关系、西藏问题等诸多不利因素，加剧了中印双方的竞争态势。③

与上述两种观点不同，一些学者认为中印两国关系不能判断何为主流，既有中文作者也有英文作者。赵干城认为，中印关系不能简单地用"合作""竞争"来判断，中印关系的内涵是"共存"，即既存在合作又存

---

① 陈宗海：《当前中国和印度的关系评析》，《国际论坛》2013年第5期，第56~60页；王宏纬：《中印关系进入睦邻友好新时期》，《南亚研究》2003年第2期，第8~14页；吴永年：《中印双边合作的基础、问题与前景》，《南亚研究》2007年第2期，第19~23页；张立：《中印关系前景可期：合作甚于冲突》，《南亚研究季刊》2013年第3期，第86~91页；张占顺：《全球化背景下中印关系的新发展》，《当代亚太》2007年第8期，第17~23页；张贵洪：《中印关系的确定性和不确定性》，《南亚研究》2010年第1期，第36~44页；马加力：《崛起中的巨象——关注印度》，山东大学出版社，2010；Gillian GohHui Lynn, "China and India: Towards Greater Cooperation and Exchange", *China: An International Journal*, Vol. 4, No. 2, 2006, pp. 263-284.

② 程瑞声：《近年来中印关系的回顾与展望》，《东南亚南亚研究》2009年第1期，第20~23页；周刚：《中印关系现状及未来》，《现代国际关系》2004年第10期，第24~26页。

③ Mohan Malik, *China and India: Great Power Rivals*, California: First Forum Press, 2011; Mohan Malik, "India Balances China," *Asian Politics and Policy*, Vol. 4, No. 3, 2012, pp. 345-376; John W. Garver, "The Security Dilemma in Sino-Indian Relations," *India Review*, Vol. 1, No. 4, 2002, pp. 1-38; Waheguru Pal Singh Sidhu and Jingdong Yuan, *China and India Cooperation or Conflict*, (Boulder: Lynne Rienner, 2003); 〔印〕斯瓦兰·辛格：《印中关系：认知与前景》，王永刚译，《东南亚南亚研究》2009年第4期，第32~36页；David Scott, "Sino-Indian Security Predicaments for the Twenty-First Century," *Asian Security*, Vol. 4, No. 3, 2008, pp. 244-270.

在竞争,而"共存的主要表现形式究竟是合作还是竞争甚或是冲突,则取决于一些基本的条件和因素"①。莫汉蒂则认为,从新现实主义的角度分析这两个大国关系是竞争、对手,但是中印两国地缘相近,有着共同对抗殖民统治的经历,因此,两国也有可能逐渐形成有利于双方关系发展的地缘文明,中印关系应当是竞争与地缘文明的结合,既有竞争也有合作。②

综上所述,中印关系具有竞合二元属性。由统计数据看,超过70%(86.11%)的作者认为中印之间竞合二元关系中存在主流,这是他们的共识点。分歧点在于到底何为主流。由统计数据看,认为竞争是主流的作者(44.44%)略多于认为合作是主流的作者(41.67%),约多出3个百分点,合作与竞争基本旗鼓相当。此外,由中英文文本可以看出,国内学者普遍认为中印关系以合作为主流,对中印关系比较乐观,而大部分国外学者则认为中印关系以竞争为主流,这值得我国外交决策者注意。

三 中印合作领域的层序

关于中印合作与竞争的具体领域,从1998年以来的中英文文本看,其研究重点经历了从传统政治安全领域到经贸领域、能源领域、环境气候变化等非传统安全领域的发展脉络。目前,经贸和能源领域是聚焦点。在不同领域,中印合作与竞争的态势各不相同。就合作的认可度而言,中印合作领域的层序可以排列如下。

认可度最高的合作领域是反恐、气候变化和科技,高达90.91%,这也是两国最有前景的合作领域。国内外共有11位作者③对中印在这些领域的合作展开了研究,10位作者④认为中印在这些领域存在广泛的合作,合作

---

① 赵干城:《中印政治关系的内涵与特点》,《南亚研究》2010年第4期,第1~10页。
② Manoranjan Mohanty, "China and India: Competing Hegemonies or Civilisational Forces of Swaraj and Jiefang," *China Report*, Vol. 46, No. 2, 2010, pp. 103–111.
③ 国内作者有:吴永年(b);任飞;黄正多;刘思伟;余渊;王德华;国外作者有:Toufiq Siddiqi; D. Varaprasad Sekhar; Dhanasreen Jayaram; James Clad; Anindya Chaudhuri。
④ 国内作者有:吴永年(b);任飞;黄正多;刘思伟;余渊;王德华;国外作者有:Toufiq Siddiqi; D. Varaprasad Sekhar; Dhanasreen Jayaram; James Clad。

是主流，仅 1 位作者①认为中印在这些领域的竞争态势明显（见图 2）。

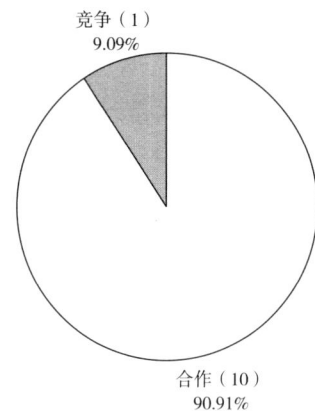

图 2　中印在气候变化、科技、反恐等领域的互动（认可度）

具体来说，在应对气候变化领域，自 1992 年《联合国气候变化框架协议》以来，中印进行了多次气候谈判合作，由于双方有着不同的立场和目标，合作之路并非一帆风顺，然而在全球气候治理领域，中印两国合作始终是主流，双方在不同气候谈判过程中采取了不同的合作方式。② 在科技领域，由于中印双方的创新战略在信息技术产业市场有重合之处，因此在这一领域存在一定程度的竞争，但是，中印两国信息技术产业各具特点，中国以往以生产硬件为主、印度以往以出售低价软件服务为主，③ 各有优势，互补性很强；而且，中国加入 WTO、中国全方位开放战略的实施、中印关系的改善、中印经贸合作领域和合作范围不断扩大，都为中印信息产业的合作创造了利条件。因此，随着中印信息产业的迅速发展，双方合作有着巨大的潜力。④ 在反恐、打击跨国犯罪等领域，21 世纪以来，

---

① 只有国外作者：Anindya Chaudhuri。
② DhanasreenJayaram, "Sino-India Cooperation at the Climate Change Negotiations: The Past, the Present and the Future," *Chinese Journal of Urban and Environmental Studies*, Vol. 2, No. 1, 2014.
③ Anindya Chaudhuri, "Creeping Tiger, Soaring Dragon: India, China and Competition in Information Technology," *China and World Economy*, Vol. 20, No. 6, 2012, pp. 1-28.
④ Gillian GohHui Lynn, "China and India: Towards Greater Cooperation and Exchange," pp. 263-284.

中印两国纷纷转变对安全的认识,从而在该领域取得了较为突出的合作成果。①

第二层序的中印合作领域是经贸领域,合作的认可度为85%。国内外有22位作者②对中印在经贸领域的互动进行了研究,其中,20位作者③对该领域的合作与竞争问题进行了研究,17位作者④认为中印在经贸领域尽管存在一定程度的竞争,但是合作成效显著,前景广阔;2位作者⑤认为中印在经贸领域以竞争为主;1位作者⑥认为中印在经贸领域竞争与合作并重(见图3)。

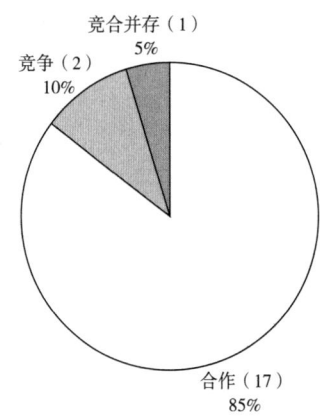

图3 中印经贸领域的互动(认可度)

---

① 任飞:《安全观转型与中印安全合作》,《南亚研究季刊》2004年第3期,第41~46页。
② 国内作者有:马先仙、文富德、杨文武(b, c)、张敏秋(c)、卢晓昆、马加力、吴永年、杨思灵、高会平、袁春生、赵干城、张宇燕、王宏纬、李建军、周刚(e);国外作者有:Swaran Singh (b, e); T. N. Srinivasan; Evelyn S. Devadason; Arvinder Singh; Amitendu Palit; Penelope B. Prime; Yasheng Huang。
③ 国内作者有:马先仙、文富德、杨文武(b, c)、张敏秋(c)、卢晓昆、马加力、吴永年、杨思灵、高会平、袁春生、赵干城、张宇燕、周刚(e);国外作者有:Swaran Singh (b, e); T. N. Srinivasan; Evelyn S. Devadason; Arvinder Singh; Amitendu Palit; Penelope B. Prime; Yasheng Huang。
④ 国内作者有:马先仙、文富德、杨文武(b, c)、张敏秋(c)、卢晓昆、马加力、吴永年、杨思灵、高会平、袁春生、赵干城、周刚(e);国外作者有:Swaran Singh (b, e); T. N. Srinivasan; Evelyn S. Devadason; Arvinder Singh; Amitendu Palit。
⑤ 只有国外作者:Penelope B. Prime; Yasheng Huang。
⑥ 只有国内作者:张宇燕。

具体来说，尽管存在因经济增长不对称造成印度担心来自中国的竞争等问题，但中印两国的经贸合作紧密、前景广阔。一方面是因为两国合作基础广泛。从两国的宏观经济和对外经济状况看，特别是两国经济增长可持续性、财政状况、贫困趋势、地区差异、商品和服务贸易等具体指标来看，中印两国在自由的世界贸易体系中具有广泛的共同利益，尤其是在世贸组织谈判中，中印合作不仅能互惠互利，而且对所有的发展中国家都有裨益。① 另一方面，从具体事实看，两国经贸合作取得了丰硕的成果。21世纪以来，中印双边贸易增长明显，相互投资不断增多，劳务合作不断展开，② 经济依存度越来越高。③ 可以说，"经贸领域的合作是中印双边关系中最为成功的领域"，④ 因而，"中印经贸合作成为双边关系的有力引擎"。⑤

第三层序的中印合作领域是能源领域，合作的认可度为52.63%。国内外共有19位作者⑥对中印的能源互动进行了研究，其中，10位作者⑦认为中印在能源领域的合作态势明显，8位作者⑧认为中印在能源领域的互动是合作与竞争并存，1位作者⑨认为中印在能源领域竞争态势明显（见图4）。

---

① T. N. Srinivasan, "China and India: Economic Performance, Competition and Cooperation: an Update," *Journal of Asian Economics*, Vol. 15, No. 4, 2004, pp. 613-636.
② 文富德：《论中印经贸合作的发展前景》，《南亚研究季刊》2008年第1期，第49~55页。
③ Swaran Singh, "Limitations of Inida-China Economic Engagement," *China Report*, Vol. 45, No. 5, 2009, pp. 285-299；〔印〕斯瓦兰·辛格：《中印双边贸易的基础探析与前景展望》，张立艳译，《现代财经》（天津财经大学学报）2006年第3期，第43~46页。
④ 赵干城：《中印关系：现状·趋势·应对》，时事出版社，2013。
⑤ Amitendu Palit, *China-India Economics: Challenges, Competition and Collaboration* (London: Routledge, 2012), p.71.
⑥ 国内作者有：陈继东（b）；杨文武（d）；龚伟；Huang Liming；胡庆亮；贾佳；时宏远；李蕾；戴永红；陈利君；李渤；马加力（a）；吴永年（a）；国外作者有：Mohan Malik (a, b); ToufiqSiddiqi; Varinder Jain; P. R. Kumaraswamy; Vidhan Pathak; James Clad。
⑦ 国内作者有：龚伟；Huang Liming；陈利君；李渤；马加力（a）；吴永年（a）；国外作者有：Toufiq Siddiqi; Varinder Jain; P. R. Kumaraswamy; James Clad。
⑧ 国内作者有：陈继东（b）；杨文武（d）；胡庆亮；贾佳；时宏远；李蕾；戴永红；国外作者有：Vidhan Pathak。
⑨ 只有国外作者：Mohan Malik (a, b)。

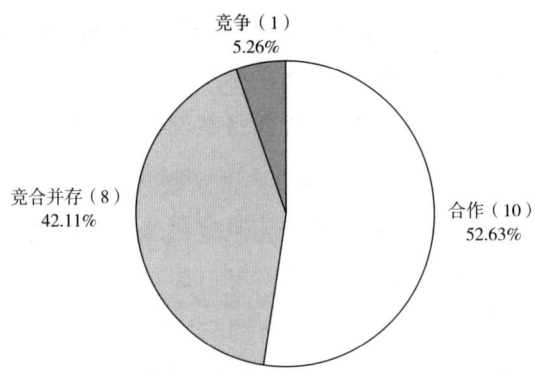

图 4 中印能源领域的互动（认可度）

具体来说，由于中印两国正处于经济快速发展时期，两国对能源的需求都较大，尤其是对石油的依赖程度都比较高，因而在石油来源供给方面存在竞争，但是，两国关系的既有事实证明，中印在海外石油供给方面已经成功地进行了合作，有了较成功的合作案例，出现了积极的合作动向。① 更加令人欣喜的是，中印两国在清洁能源领域有着较大的合作空间。②

第四层序的中印合作领域是传统政治安全领域，尤其是地缘政治领域，合作层次最低，合作的认可度只有 6.25%。国内外共有 16 位作者③对中印在东南亚、南亚、中亚、非洲以及印度洋的互动进行了研究，其中，11 位作者④认为中印在这些地区的互动是合作与竞争并存，4 位作者⑤认为

---

① 陈继东、周任：《中国和印度在石油供给新来源上的竞争态势与合作动向》，《南亚研究季刊》2005 年第 3 期，第 14~21 页；杨文武、戴江涛：《中印在海外石油能源供给中的竞合态势及博弈分析》，《生态经济》2006 年第 4 期，第 39~43 页。Vidhan Pathak, "India's Energy Diplomacy in Francophone Africa: Competitive Cooperation with China," *India Quarterly*, Vol. 63, No. 2, 2007, pp. 26-55.

② Varinder Jain, "China and India in Energy Sphere: A Comparative Overview, Challenges and Scope for Cooperation," *Millennial Asia*, Vol. 5, No. 2, 2014, pp. 219-237.

③ 国内作者有：陈继东（a）；张贵洪（b，c）；孙晓玲；Zhao Hong；朱翠萍；Zhao Huasheng；王琛；王伟华；国外作者有：C. UdayBhaskar；Jha Pankaj；David Scott（b）；Emilian Kavalski；Basudeb Chaudhuri；Jean-Francois Huchet；Sebastien Peyrouse；Francine R. Frankel。

④ 国内作者有：陈继东（a）；张贵洪（b，c）；孙晓玲；Zhao Hong；朱翠萍；Zhao Huasheng；国外作者有：C. UdayBhaskar；Jha Pankaj；David Scott（b）；Emilian Kavalski；Basudeb Chaudhuri。

⑤ 国内作者有：王琛；国外作者有：Jean-Francois Huchet；Sebastien Peyrouse；Francine R. Frankel。

中印在地缘政治领域以竞争为主，1 位作者①认为中印在地缘政治领域以合作为主（见图 5）。

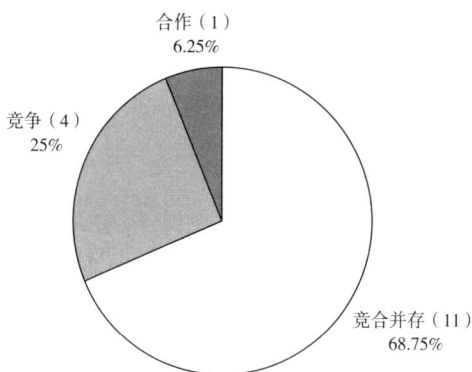

图 5　中印地缘政治领域的互动（认可度）

具体来说，在东南亚，在印度"东向政策"提出以后，中印双方在东南亚互动越来越频繁。在经济领域，中印在东南亚地区可能成为发展的"伙伴",② 两国合作潜力较大，因为中国不断增长的经济实力对东南亚国家和印度的发展都有裨益，但在政治领域，中印两国会出现竞争。③

在中亚，中印两国都认识到了中亚地区的重要性。中亚有着丰富的自然资源和独特的地理位置，中印两国有着广阔的合作空间。在安全领域，中印两国共同开展反恐行动，在经济领域，双方开展能源合作。不过，中印两国在合作形式和美国因素等问题上也上存在分歧和竞争。④

---

① 只有国内作者：王伟华。
② Zhao Hong, "Indian and China: Rivals or Partners in Southeast Asia," *Contemporary Southeast Asia*, Vol. 29, No. 1, 2007, pp. 121-142.
③ 张贵洪：《竞争与合作：地区视角下的中印关系》，《当代亚太》2006 年第 12 期，第 12~51 页；陈继东：《中国、印度在东南亚的合作与竞争》，《南亚研究季刊》2012 年第 2 期，第 65~69 页；Jha Pankaj, *India and China in Southeast Asia: Competition or Cooperation* (Delhi: Manas Publications, 2013)。
④ 张贵洪、戎婷蓉：《从博弈到共赢：中印在中亚的竞争与合作》，《南亚研究季刊》2008 年第 4 期，第 8~12 页；张贵洪：《竞争与合作：地区视角下的中印关系》，《当代亚太》2006 年第 12 期，第 12~51 页。

在非洲，中非关系和印非关系具有一定的共性，因而两国之间存在一定的竞争，但两国合作的空间很大，因为中国和印度在非洲的发展，各有其优劣和特性，也存在差异。中国对非洲的战略起步比印度早，中国政府推动力更大，但印度在非洲的软实力较强、国际压力较小；中印企业在非洲的运作方式也存在差异；中国对非洲出口商品结构较为单一。鉴于此，中印双方完全可以谋求合作，互相学习对非关系经验，共同反击西方国家对中印与非洲关系的误读。[1]

在南亚，中国的邻国很多，尤其是与巴基斯坦、尼泊尔和不丹都有着较长的边界线，因而中国一向重视与南亚国家发展友好关系，但印度对中国的意图存在误解，认为这是中国在印度周围建立平衡力量，因此在南亚中印竞争态势激烈。[2] 在印度洋地区，中印双方由于各自战略目的不同，将产生更加激烈的对抗与竞争，而这样的竞争态势将全面地体现在中印交往的各个领域，如军事、外交、经济领域。[3]

总之，关于中印在气候变化、科技与反恐领域，经贸领域，能源领域和地缘政治领域的关系，就"共识点"和"分歧点"而言，根据70%的共识标准，国内外作者们对于前两个领域的合作达成了共识，而对于后两个领域，无论竞争还是合作，国内外作者们都没有达成共识，反而在第三种观点（竞合二元关系）上几乎达成共识，认可度分别为42.11%（能源领域）和68.75%（地缘政治领域），尤其是地缘政治领域。这与整体上的中印竞合二元关系类似。

关于中印在上述四个领域的合作与竞争关系，首先，从合作的认可度来看，中印的合作圈可以分为四级层序，由高到低依次为气候变化、科技与反恐领域（合作认可度高达90.91%），经贸领域（合作认可度为85%），能源领域（合作认可度为52.63%）和地缘政治领域（合作认可度只有6.25%）。其次，从竞争的认可度来看，地缘政治领域的竞争认可度最高

---

[1] 孙晓玲：《中印在非洲的竞争与合作》，《南亚研究》2008年第2期，第27~32页。
[2] 张贵洪：《竞争与合作：地区视角下的中印关系》，《当代亚太》2016年第12期，第12~51页。
[3] Francine R. Frankel, "The Breakout of China-India Strategic Rivalry in Asia and the Indian Ocean," *Journal of International Affairs*, Vol. 64, No. 2, 2011, pp. 1-17.

(25%），然后依次是经贸领域（10%）、气候变化、科技与反恐领域（9.09%），竞争认可度最低的是能源领域（5.26%）。可以看出，除了能源领域外，其他三个领域的竞争认可度的层序排列与合作认可度的层序排列完全一致。还有，从比例数来看，地缘政治领域的合作认可度和竞争认可度都明显迥异于其他三个领域，是中印合作与竞争关系中比较特殊的一个领域。最后，从合作与竞争的认可度之差看，上述四个领域，中印合作与竞争的认可度之差分别为81.82%、75%、47.37%和-18.75%。可以看出，只有在地缘政治领域，中印竞争的认可度高于中印合作的认可度，比较特殊，而其他三个领域的中印关系，合作的认可度都高于竞争的认可度，中印合作占主流。这一点，与整体上的中印合作与竞争关系一致，只不过，整体上中印合作与竞争的认可度之差仅为2.77%，大大低于这三个领域的合作与竞争的认可度之差。这意味着在其他领域，中印的竞争关系较强，需要我们予以关注。

四 影响中印合作的因素

认清影响中印关系的关键性问题是推进两国合作的根本。国内外共有38位作者[①]对影响中印关系的关键议题进行了讨论，其中，36位作者[②]谈

[①] 国内作者有：吴永年；陈宗海（b，c）；程瑞声；马加力（c）；马先仙；王宏纬（a，b，d）；张贵洪（a）；郑瑞祥；张立；叶正佳（a）；赵干城（a）；张敏秋（b）；周刚（a，e）；张占顺；罗雄飞；刘思伟；荣鹰；蓝建学（b）；杨思灵、袁春生、高会平；刘宗义；国外作者有：Swaran Singh（d）；Gillian Goh Hui Lynn；John. W. Garver（b，c，d）；Rajiv Sikri；Mohan Malik；David Scott（a）；CV Ranganthan；Jingdong Yuan；Jabin T. Jacob；Kanti Bajpai；Faisal O Al-Rfouh；Alan R. Namkervis；Jean-Francois Huchet；Shashank Joshi；Francine R. Frankel；David M. Malone。

[②] 国内作者有：吴永年；陈宗海（b，c）；马加力（c）；马先仙；周刚（a，e）；张占顺；罗雄飞；刘思伟；王宏纬（a，b，d）；张敏秋（b）；程瑞声；张贵洪（a）；郑瑞祥；张立；蓝建学（b）；杨思灵、袁春生、高会平；赵干城（a）；刘宗义；叶正佳（a）；国外作者有：Jabin T. Jacob；Gillian Goh Hui Lynn；John. W. Garver（b，c）；Rajiv Sikri；Mohan Malik；David Scott（a）；CV Ranganthan；JingdongYuan；Kanti Bajpai；Faisal O Al-Rfouh；Alan R. Namkervis；Jean-Francois Huchet；Shashank Joshi；Francine R. Frankel；David M. Malone。

到了中印边界争端、西藏问题；26 位作者①谈到了中巴关系问题；10 位作者②谈到了中印经贸摩擦问题（见图 6）。

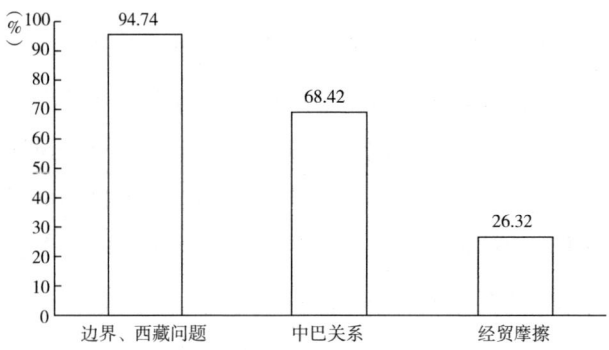

图 6　影响中印关系的关键议题（认可度）

从 70% 的共识标准来看，国内外作者们在中印边界和西藏问题上达成了共识，证明这两个问题非常关键。中巴关系尽管几近成为共识点，但毕竟与中印边界和西藏问题相比，中巴关系不能直接影响中印关系，所以它还不是非常关键的问题。需要谨慎的是，随着中印经贸关系的迅猛发展，印方频频对中国贸易实行反倾销，③ 经贸摩擦问题可能越来越重要。

那么，从哪些路径来推进减缓上述因素的影响进而推进中印合作呢？共有 22 位国内外作者④对此进行了讨论。11 位作者⑤提出要增进互信，这

---

① 国内作者有：吴永年；程瑞声；王宏纬（a，b，d）；张贵洪（a）；张立；张敏秋（b）；马加力（c）；周刚（a，e）张占顺；罗雄飞；刘思伟，荣鹰；杨思灵、袁春生、高会平；国外作者有：John. W. Garver（d）；CV Ranganthan；Jingdong Yuan；Mohan Malik；Gillian Goh Hui Lynn；Faisal O Al-Rfouh；Alan R. Namkervis；Jean-Francois Huchet；Shashank Joshi；Francine R. Frankel；David M. Malone。
② 国内作者有：马加力（c）；吴永年；张立；郑瑞祥；荣鹰；赵干城（a）；国外作者有：David Scott（a）；Mohan Malik；Swaran Singh（d）；David M. Malone。
③ 郑瑞祥：《中印关系的发展历程及前景展望》，《国际问题研究》2010 年第 4 期，第 1~18 页。
④ 国内作者有：张四齐；杨文武（a）；叶正佳（a）；吴永年；赵干城（a）；周刚（a，b，c，e）；Pengfei Ni；陈宗海（b，c）；程瑞声（a）；马加力（a）；蓝建学（b）；王宏纬（b，d）；张贵洪（a）；任飞；张占顺；刘思伟；赵干城（a）；国外作者有：CV Ranganthan；Mira Sinha Bhattacharjea；Shirish Jain；Jingdong Yuan（b）；Gillian Goh Hui Lynn。
⑤ 国内作者有：陈宗海（b，c）；程瑞声（a）；吴永年；杨文武（a）；张贵洪（a）；周刚（a，b，c）；任飞；刘思伟；蓝建学（b）；马加力（a）；国外作者有：Jingdong Yuan（b）。

一观点认可度最高,为50%;10位作者①提出要加强社会文化联系,增进交流,这一观点认可度次之,为45.45%;5位作者②提出要遵循相互理解、相互尊重、互惠互利的原则,这一观点认可度只有22.73%。详见图7。

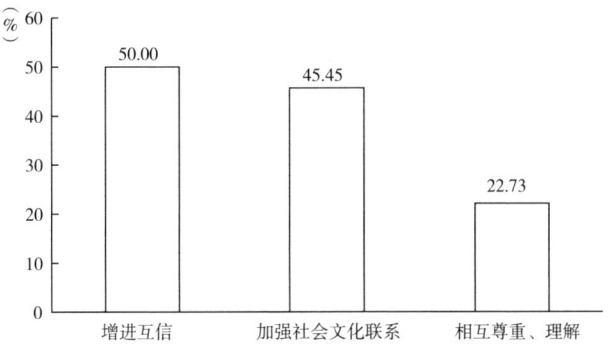

图7 中印合作路径(认可度)

总之,深化中印建设性合作关系,国外作者主张要"关注国家社会的稳定、关注和尊重国家的合法利益、关注人权、承诺不受限使用核武器等'十C原则'"。③ 国内作者认为应重树"包容和理解"的合作发展心态,正视历史,放眼未来,把握好共同合作发展的战略机遇期;同时坚持以"经济互惠为基础、政治互信为前提、军事安全互动为条件、科技文化互往为保障"的多维聚合发展谋略,真正实现中印共同发展。④ 除了宏观方面的措施建议外,还有一些关于具体合作领域的措施建议,如经贸领域⑤、

---

① 国内作者有:王宏纬(a);周刚(e);张占顺;张四齐;Pengfei Ni;蓝建学(b);吴永年;国外作者有:Jingdong Yuan(b);Gillian Goh Hui Lynn;Shirish Jain。
② 国内作者有:张四齐;杨文武(a);叶正佳(a);国外作者有:CV Ranganthan(a);Mira Sinha Bhattacharjea。
③ Mira Sinha Bhattacharjea and C. V. Ranganathan,"India and China: Principles of Constructive Cooperation," *China Report*, Vol. 36, No. 3, 2000, pp. 383–389.
④ 杨文武:《中印合作发展新论》,《南亚研究季刊》2006年第1期,第48~54页。
⑤ 文富德:《浅谈中印自由贸易区的可行性》,《南亚研究季刊》2006年第1期,第1~78页;杨文武、倪香芹:《中印经贸合作现状、问题及其对策》,《社会科学》2007年第9期,第16~24页。

能源领域[①]等。不过，需要指出的是，关于促进中印合作的具体措施和建议，绝大多数来自中文作品。英文作品也有对策研究，如白蜜雅，[②] 但也只是提出处理两国关系的原则，总体而言，他们更加关注中印关系是什么、为什么的问题。长期以来，中国作者较为关注对策研究和处方研究，建言献策成为研究的重要一部分内容。这些内容是否要公开发表，应该是日益成熟的中国国际问题研究需要思考的新问题。

附录1　中印合作与竞争分析样本

国内作者	作品及出版年份	国外作者	作品及出版年份
陈继东 陈继东、周任	(a)《中国、印度在东南亚的合作与竞争》（2012） (b)《中国和印度在石油供给新来源上的竞争态势与合作动向》（2005）	〔澳〕Alan R. Namkervis 〔澳〕Samir R. Chatterjee	The Resurgence of China and India：Collaboration or Competition（2011）
陈利君	(a)《中印能源合作战略与对策研究》（2011）[M] (b)《中印能源战略与合作问题探讨》（2010）	〔新加坡国立大学南亚研究所〕Amitendu Palit	China-India Economics：Challenges, Competition and Collaboration（2012）[M]
程瑞声	(a)《近年来中印关系的回顾与展望》（2009） (b)《论新世纪的中印（度）关系》（2002） (c)《中印边界谈判及其前景》（2004）	〔印〕Anindya Chaudhuri	Creeping Tiger, Soaring Dragon：India, China and Competition in Information Technology（2012）

[①] 龚伟：《印度能源外交与中印合作》，《南亚研究季刊》2011年第1期，第29~34页；陈利君等：《中印能源合作战略与对策研究》，中国社会科学出版社，2011。
[②] Mira Sinha Bhattacharjea and C. V. Ranganathan, "India and China: Principles of Constructive Cooperation," *China Report*, Vol. 36, No. 3, 2000, pp. 383-389.

续表

国内作者	作品及出版年份	国外作者	作品及出版年份
陈宗海	(a)《冷战后中印外交关系研究(1991-2007)》(2008)[M] (b)《从"交流"到"友好合作"——当前中国和印度的关系评析》(2013) (c)《当前中国和印度的关系评析》(2013) (d)《2011年中印交流评析》(2012)	〔印〕Arvinder Singh	Sino-Indian Economic Relations: An Analysis of Recent Trends in Bilateral Trade (2000)
戴永红、阮露洁	《新自由制度主义视角下中印能源的竞争与合作》(2013)	〔印〕Chandrima Ghosh	India-China Relations: Cooperation or Conflict? (2009)
龚伟	《印度能源外交与中印合作》(2011)	〔印〕C. V. Ranganathan 〔印〕C. V. Ranganthan 〔印〕Vinod C. Khanna	(a) Sino-Indian Relations in the New Millennium: Challenges and Prospects (2001) (b) India and China: The Way ahead after "Mao's India War" (2000)[M]
黄正多、严晓凤	《多边主义视角下的中印国际合作》(2012)	〔印〕C. Uday Bhaskar	China and India in the Indian Ocean Region: Neither Conflict nor Cooperation Preordained (2010)
胡庆亮	《"能源三角洲地区"与中印能源竞争与合作》(2005)	〔加〕David M. Malone 〔印〕Rohan Mukherjee	India and China: Conflict and Cooperation (2010)
贾佳	《后金融危机时代中印能源竞争与合作比较分析》(2012)	〔英〕David Scott	(a) Sino-Indian Security Predicments for the Twenty-First Century (2008); (b) The Great Power "Great Game" between India and China: "The Logic of Geography" (2008)

103

续表

国内作者	作品及出版年份	国外作者	作品及出版年份
蓝建学	(a)《后冷战时期的中印关系正常化与战略和谐》(2005) (b)《新时期印度外交与中印关系》(2015) (c)《中印对外战略异同与双边关系》(2008) (d)《中印关系新思维与"再平衡"》(2013)	〔印〕Dhanasreen Jayaram	Sino-India Cooperation at the Climate Change Negotiations: The Past, the Present and the Future (2014)
李渤等	《经济全球化下的中印能源合作模式》(2011)〔M〕	〔印〕D. Varaprasad Sekhar	Science and Technology Cooperation between India and China (2005)
李建军	《中印汽车产业合作发展探析》(2009)	〔马〕Evelyn S. Devadason	Enhancing China-India Trade Cooperation: Complementary Interactions? (2012)
李蕾	《全球能源格局变革下的中印能源竞争合作》(2014)	〔约旦大学〕Faisal O. Al-Rfouh	Sino-Indian Relations: From Confrontation to Accommodation (1988-2001) (2003)
刘思伟	《中印非传统安全领域合作初探》(2013)	〔美〕Francine R. Frankel 〔美〕Harry Hardings (ed.) 〔美〕Francine R Frankel	(a) *The India-China Relationship: What the United States Needs to Know* (2003)〔M〕 (b) The Breakout of China-India Strategic Rivalry in Asia and the Indian Ocean (2011)
刘宗义	《勿让边界问题影响中印关系大局》(2014)	〔新〕Gillian GohHui Lynn	China and India: Towards Greater Cooperation and Exchange (2006)
罗雄飞、赵剑	《印度对华政策的调整与中印关系的未来走向》(2003)	〔印〕Jabin T. Jacob	For a New Kind of "Forward Policy": Tibet and Sino-Indian Relations (2011)
卢晓昆	《中印合作新目标建立自由贸易区》(2005)	〔印〕Jha Pankaj	India and China in Southeast Asia, Competition or Cooperation (2013)〔M〕

续表

国内作者	作品及出版年份	国外作者	作品及出版年份
马加力	（a）《崛起中的巨象——关注印度》（2010）［M］ （b）Strengthen the Role of United Nations and Cooperation of China, Russia and India in UN（2003） （c）Striving to Establish a Constructive Cooperative Partnership between China and India（2000）	［悉尼大学国际安全研究中心］Jingdong Yuan；［印］Waheguru Pal Singh Sidhu ［悉尼大学国际安全研究中心］Jingdong Yuan	（a）Beijing's Balancing Act：Courting New Delhi, Reassuring Islambad（2014） （b）The Dragon and the Elephant：Chinese-Indian Relations in the 21st Century（2007） （c）*China and India：Cooperation or Conflict?*（2003）［M］
马先仙、杨文武	《后金融危机时代中印货币合作探析》（2013）	［美］John W. Garver	（a）The Security Dilemma in Sino-Indian Relations（2002） （b）The Restoration of Sino-Indian Comity following India's Nuclear Tests（2001） （c）The Unresolved Sino-Indian Border Dispute：An Interpretation（2011） （d）*Protracted Contest：Sino-Indian Rivalry in the Twentieth Century*（2001）［M］
任飞	《安全观转型与中印安全合作》（2004）	［印］Kanti Bajpai	India's Territorial Disputes：Getting to Yes?（2013）
荣鹰	《共创战略合作伙伴关系的新议程》（2011）	［早稻田大学］Kurt Radtke	Sino-Indian Relations：Security Dilemma, Ideological Polarization, or Cooperation Based on "Comprehensive Security"（2003）
时宏远	《竞争、合作、独立发展——基于中印能源发展模式的比较研究》（2011）	［美］Lora Saalman	Divergence, Similarity and Symmetry in Sino-Indian Threat Perceptions（2011）
孙晓玲	《中印在非洲的竞争与合作》（2008）	［印］Manoranjan Mohanty	China and India：Competing Hegemonies or Civilisational Forces of Swaraj and Jiefang（2010）

续表

国内作者	作品及出版年份	国外作者	作品及出版年份
唐世平	《中国——印度关系的博弈和中国的南亚战略》（2000）	〔印〕Mira Sinha Bhattacharjea 〔印〕C. V. Ranganathan	India and China: Principles of Constructive Cooperation（2000）
王琛、姚璐	《冷战后中印在缅甸的合作竞争关系》（2011）	〔中亚高加索研究所〕Marlene Laruelle，〔法〕Jean-Francois Huchet，〔中亚高加索研究所〕Sebastien Peyrouse 〔法〕Bayram Balci（ed.）	China and India in Central Asia: A New "Great Game"?（2010）〔M〕
王德华	《日显重要的"非传统安全"问题》（2005）	〔檀香山亚太安全研究中心〕Mohan Malik	(a) China and India: Great Power Rivals（2011）〔M〕 (b) China and India Today: Diplomats Jostle, Militaries Prepare（2012） (c) India Balances China（2012） (d) Nuclear Proliferation in Asia: The China Factor（1999）
王宏纬	(a)《当代中印关系述评》（2009）〔M〕 (b)《中印关系进入睦邻友好新时期》（2003） (c)《进一步加强和扩大中印经贸技术合作》（2000） (d)《在新世纪加强和深化中印关系的几点建议》（2000） (e)《温总理访印与中印关系的新发展》（2005）	〔默塞尔大学〕Penelope B. Prime，〔默塞尔大学〕Vijava, Subrahmanyam 〔克莱顿州立大学〕Chen Miao Lin	Competitiveness in India and China: the FDI Puzzle（2012）

续表

国内作者	作品及出版年份	国外作者	作品及出版年份
王伟华、刘宗义	《印度在非洲：追随中国还是挑战中国》（2009）	〔印〕P. R. Kumaraswamy	India's Energy Cooperation with China: the Slippery Side（2007）
文富德	（a）《浅谈中印自由贸易区的可行性》（2006） （b）《中印双边经济联系的发展前景》（2004） （c）《论中印经贸合作的发展前景》（2008）	〔印〕Rajiv Sikri	*Challenge and Strategy: Rethinking India's Foreign Policy*（2009）［M］
吴永年	（a）《变化中的印度：21世纪印度国家新论》（2010）［M］ （b）《中印双边合作的基础问题与前景》（2007）	〔美〕Shashank Joshi	Why India is Becoming Warier of China?（2007）
杨思灵、高会平、袁春生	《中国周边视角下的中印关系研究》（2014）［M］	〔新加坡国立大学〕Shirish Jain Yan Shufen	India, China: Brothers, Brothers（2011）
杨文武；杨文武、李星东；杨文武、倪香芹；杨文武、戴江涛	（a）《中印合作发展新论》（2006） （b）《后金融危机时代中印农产品贸易合作》（2013） （c）《中印经贸合作现状、问题及其对策》（2007） （d）《中印在海外石油能源供给中的竞合态势及博弈分析》（2006）	〔印〕Swaran Singh	（a）*China-South Asia: Issues, Equations, Policies*（2003）［M］ （b）Limitations of India-China Economic Engagement（2009） （c）Paradigm Shift in India-China Relations: From Bilateralism to Multilateralism（2011） （d）《印中关系：认知与前景》（2009） （e）《中印双边贸易的基础探析与前景展望》（2006）
叶正佳	（a）《五十年来的中印关系：经验和教训》（1999） （b）《印度前驻华大使任嘉德等论印中关系的前途》（2000）	〔印〕T. N. Srinivasan	China and India: Economic Performance, Competition and Cooperation: an update（2004）
余渊	《浅析中印气候变化合作》（2010）	［美国夏威夷东西中心］Toufiq Siddiqi	China and India: More Cooperation than Competition in Energy and Climate Change（2011）

续表

国内作者	作品及出版年份	国外作者	作品及出版年份
张贵洪 张贵洪、戎婷蓉	(a)《中印关系的确定性和不确定性》(2010) (b)《竞争与合作：地区视角下的中印关系》(2006) (c)《从博弈到共赢中印在中亚地区的竞争与合作》(2008)	〔印〕Varinder Jain	China and India in Energy Sphere: A Comparative Overview, Challenges and Scope for Cooperation (2014)
张立	《中印关系前景可期：合作甚于冲突》(2013)	〔印〕Vidhan Pathak	India's Energy Diplomacy in Francophone Africa: Competitive Co-operation with China (2007)
张敏秋	(a)《中印关系研究(1947—2003)》(2004)〔M〕 (b)《试析发展中印关系的几大障碍》(2002) (c)《中印经贸关系：潜能与制约》(2003)	〔美〕Yasheng Huang	The Myth of Economic Complementarity in Sino-Indian Relations (2011)
张四齐	《中印战略合作：历史与现实》(2008)		
张宇燕、张静春	《亚洲经济一体化下的中印关系》(2006)		
张占顺	《全球化背景下中印关系的新发展》(2007)		
赵干城	(a)《中印关系：现状·趋势·应对》(2013)〔M〕 (b)《中印政治关系的内涵与特点》(2010)		
郑瑞祥	(a)《印度的崛起与中印关系》(2006)〔M〕 (b)《中印关系的发展历程及前景展望》(2010)		

续表

国内作者	作品及出版年份	国外作者	作品及出版年份
周刚	（a）《瓦杰帕伊访华和中印关系》（2003） （b）《中印关系现状及未来》（2004） （c）《中印建交60周年两国关系的回顾与展望》（2010） （d）《中印民间交流与合作的新桥梁》（2003） （e）Current China-India Relations and Economic cooperation（2008）		
朱翠萍	《印度洋安全局势与中印面临的"合作困境"》（2014）		
Huang Liming	A Study of China-India Cooperation in Renewable Energy Filed（2007）		
Pengfei Ni	Cities as the New Engine for Sino-Indian Cooperation（2011）		
Zhao Hong	Indian and China: Rivals or Partners in Southeast Asia?（2007）		

注：统计的作者不包括期刊论文和论文集论文的第二作者，专著作者都在统计之列。特别需要说明的是，有两本论文集，即 Francine R. Frankel, Harry Hardings（ed.）, *The India-China Relationship: What the United States Needs to know*（2003）和 Marlene Laruelle, Jean-Francois Huchet, Sebastien Peyrouse and Bayram Balci（ed.）, *China and India in Central Asia: A New "Great Game"?*（2010）。前者收录的与本文主题密切相关的论文涉及10位作者，皆为国外作者；后者收录与本文主题密切相关的论文涉及作者共7人，其中国内作者1人，国外作者6人。另，中英文作品除了著作标注［M］外，其余均为论文。

"命运共同体"理念下中国"友情外交"战略析论

刘锦前*

摘　要：当今世界政治格局重塑进程中，多边机制在全球范围内呈现出低效状态，除应对全球气候变化等少数议题外，各种领域"全球治理"前景充满着挑战。中国是全球治理的倡导者、实践者和推动者。近年来，随着中国国力的大幅提升和全球化背景下国家间交往的加速，中国坚持权利与义务相平衡，积极参与全球治理，无疑将推动全球治理朝着更加公正、合理的方向发展。在此背景下，"走亲戚""交朋友"——习近平主席与包括广大发展中国家领导人在内的爱华人士建立私人友谊，为中国外交增添浓浓"人情味"，"友情外交"正日益成为中国外交又一亮丽风景线。本文从"命运共同体"视角来探析当前"友情外交"战略问题，旨在寻求中国如何在当前世界形势嬗变发展中担负大国责任，如何在传承发展与中国传统友好国家关系的同时为促进落实中国对外"亲诚惠容"的外交战略创造条件。笔者认为，强化感情纽带建设，树立中国大国形象范式样本，将"友情外交"细化到实处，不仅有助于中国实现两个百年目标，也有助于中国周边国家乃至世界的和平发展与人类社会进步。

关键词：世界政治格局　复杂意向　对抗式竞争　命运共同体　友情外交

---

* 刘锦前，上海社会科学院国际问题研究所助理研究员。

"命运共同体"理念下中国"友情外交"战略析论

在当前全球化加速发展、世界政治格局重塑面临不确定趋向的背景下,每个国家都肩负着振兴民族的历史重任,也都有一个强国富民的伟大梦想。并且随着国家间各种利益的相互交织,不同国家彼此间比以往任何时期都更需要携手合作,共迎挑战以促进地区稳定和繁荣。而从当前的时空条件来看,中国显然是希望通过包括"友情外交"在内的一系列战略组合,来与"一带一路"沿线国家和相关国际组织加强合作,实现道路畅通、贸易连通和民心相通,共同打造开放合作平台,实现中国"两个百年"梦想,也为全球可持续发展提供新动力。而从人类历史发展的长河中可以看到,国与国之间领导层相互关系处理的好与坏不仅牵扯到当事国的友谊和稳定发展,也关乎地区和平与世界范围的权力格局平衡。本文从"命运共同体"视角来探析当前新形势下中国"友情外交"的战略问题,旨在寻求中国如何发挥自身影响力,如何在传承发展与中国传统友好国家关系的同时为促进落实中国对外"亲诚惠容"的外交战略创造条件。笔者认为,强化感情纽带建设,树立中国大国形象范式样本,将"友情外交"细化到实处,不仅有助于中国实现两个百年目标,也有助于世界的和平发展与人类社会进步。

一 世界政治格局重塑进程中的中国"复杂意向"

不论世人对当前世界政治格局未来走向在认知上存在多大分歧,人们还是认为在全球战略互信取得重大进展之前,进一步厘清自身国家身份地位显得更为重要。[①] 诚然如何判断国家战略行为仁者见仁,但我们不能忽

---

① 世界政治格局是指世界上各个国家或地区政治力量的对比以及政治利益的划分情况。包括主权国家、国家集团和国际组织等多种行为主体在国际舞台上以某种方式和规则组成一定的结构,由各种政治力量对比而形成的一种相对稳定的态势和状况。而与之相伴的地缘政治学在西方也经历了从战前的显学变成了战后的弱势、边缘学科的历史。参见Colin Flint, "Changing Times, Changing Scales: World Politicsand Political Geography Since 1890," in George JDemkoand William B Wood, eds., *Reordering the World: Geopolitical Perspectives on the 21st Century* (Second Edition), West view Press, 1999), pp.19-39。

视国家的潜在行为影响力与实际影响力之间的明显区别。特别是关于不同国家在具体的利益需求、行为偏好方面有着很大的差异。① 此处,笔者要强调的不仅仅指国家行为偏好逻辑以及"命运共同体"概念等术语,② 实际上任何概念或思想在理性地推断考察中得出论证性的批评,有助于完成一套科学体系的逻辑自洽与统合,也有助于构建现实层面的社会意义。围绕当前世界政治格局重塑进程中中国的基本立场、观点这样一个现实课题进行论证,我们在此以"命运共同体"视角进行阐释,并在阐释论证过程中提供恰当的"理由",旨在探究现实难题给予路径的探索思考。此处文章力图着眼于在严谨思维和情感之间实现某种平衡,通过对情境变量和情境恒量之间关联关系的深度阐释与推演,以有助于大家当下对中国开展"友情外交"相关战略的深刻认识。

(一) 主权国家身份回归与"规范"认知呈现加速化趋向

围绕国家民族身份的认同与否而引发的国际政治动荡近年来日趋增多。且不论早些年乌克兰因其东部地区俄罗斯族裔身份归属问题引发的乌克兰危机。2016 年以来,围绕身份认同与否引发的国际政治问题更趋激烈。经过一夜激烈缠斗,英国"脱欧"公投终于有了结果。当地时间 2016 年 6 月 24 日早 6 时许,公投统计结果显示,"脱欧"一方在公投中胜出。③ 从时任英国首相卡梅伦 2016 年 2 月宣布举行公投之后,历经 4 个月的激烈争辩与持续纠结,英国人最终选择了放弃欧盟,英伦三岛不仅是在地理上,从此更是在政治上使自己与欧盟身份划清了界限。英国最终"脱欧",是在当前世界政治格局重塑中,英国"疑欧"情绪极度发酵的结果,也是

---

① Robert A. Dahl and BruceStinebrickner, *Modern PoliticalAnalysis*, 6th ed (UpperSaddle River, N. J.: Prentice-Hall, 2003), p. 17.
② 此处笔者强调我们的"命运共同体"理念与当年戈尔巴乔夫所提出的"全人类利益高于一切"(新思维)有着根本不同,后者是否定国家利益(甚至在损害自身利益的前提下去谋求妥协),而前者是在尊重各自国家利益的前提下共谋发展。戈氏的"对外政策新理念"过多强调了人类共同利益和人类价值观,而对国家利益、社会矛盾等具体现实问题的轻视带来了严重后果。白丽君:《戈尔巴乔夫的新思维与苏联对外政策》,《外国问题研究》1988 年第 4 期,第 18~20 页。
③ 邓茜:《新华时评:英国脱欧是政治豪赌的失败》,新华社伦敦 2016 年 6 月 24 日电。

全球经济不景气情况下，全球化"退潮"的写照。又如土耳其于2016年7月15日发生的未遂军事政变，由于土耳其作为欧亚大陆桥的连接部，将会考验各个利益攸关国家的神经。而有了这次政变的借口，埃尔多安执政下的土耳其无疑将更趋向保守。① 甚至土耳其总统雷杰普·塔伊普·埃尔多安于2016年7月16日直接指责流亡美国宾夕法尼亚州的宗教人士费图拉·居伦是此次政变的幕后策划者，理由是其领导的"居伦运动"成员也参与到此次政变中。② 土耳其国内发生世俗化力量与宗教保守力量之间的角逐更加佐证了"身份"归属问题带来的安全形势严峻性和国家精英层对国家未来走向的纠葛。

（二）当今国际主要组织与多边机制间呈现呆滞低效趋向③

其一，多边机制在全球的呆滞和低效。在一个问题丛生的世界，国际多边机制未能满足日益紧迫的"治理"需求。包括G20在内的全球多边机制呈现呆滞和低效状态，在除应对全球气候变化等少数议题外，各种领域"全球治理"的前景暗淡。2016年的杭州G20峰会，在中国的大力推动下才取得了多项成果。④ 大国利益限制、某些关键小国的"顽固不群"、技术发展带来的挑战，以及全球政治文化领域孤立主义、民粹主义、民族主义风行，都限制了多边机制的发展和效能。而各国的"自由国际主义"精英准备不足，应对无力，颓势可观。其实，"艰难时世"下集体行动和合作意愿下降是国际政治中的常态。例如，美国领导人在其讲话中，将入侵伊

---

① 唐如松：《政变的土耳其，将让世界读懂些什么？》，《环球时报》2016年7月21日。
② 徐超：《埃尔多安指责昔日盟友在美国"遥控"政变》，《新华网》2016年7月17日。
③ "多边机制呈现呆滞与低效趋向"相关主要观点，参见中国人民大学国际关系学院时殷弘教授应邀于2016年7月2日在上海社会科学院作的一场题为"关于国际秩序的动荡和失序趋向"的精彩学术讲座，他通过旁征博引和理性逻辑视角论析了当今国际秩序转型中的动荡和失序。
④ 成果内容多项，其中包括一个公报，即《二十国集团领导人杭州峰会公报》，一个"杭州共识"：放眼长远、综合施策、扩大开放、包容发展，这4个词，各有内涵。例如，"包容发展"，是指：我们（二十国集团）将确保经济增长的成果普惠共享，不让任何国家、任何人掉队。又如，一个行动计划，即《杭州行动计划》等。王晓易：《数读杭州峰会成果》，《人民日报海外版》2016年9月8日。

拉克和阿富汗称为捍卫人权的正义之举,为其入侵行为辩护,并让公众接受。[①] 中国对自身在国际秩序稳定中的角色和作用也不必抱超越实际的期望。

其二,国际地缘政治秩序和大国基本关系的强烈动荡。俄罗斯与西方的地缘政治和战略对抗,中国与美国的战略、军事竞争,两者形成显著联动,并推动中、俄提升和扩展"全面战略协作伙伴关系",加强战略和军事协作,甚至可以认为达到或至少接近针对美国的一种准同盟关系。而中日之间都在实施战略"双轨"方针:一方面管控危机以缓和矛盾,另一方面也相互疑惧并加强军事斗争准备。

其三,国际秩序与中国的"复杂意向"。国际秩序大体可以分为国际制度性秩序和国际权势政治秩序。在国际制度性秩序的不同部分,中国存在多种多样的"意向":对大多数重要全球性多边和地区机制,中国是合作者,扮演着越来越重要的角色;对世界和地区既存的金融和贸易机制,中国越来越希望占据特殊一席并有适合自己的"菜单",因此,中国是一个变得日益积极但仍不失耐心、渐进的修正主义者;对联合国安理会体系及其改革,中国却持一种非常保守的立场;对那些明显偏颇的人道主义干预机制,中国持超级保守立场。中国"复杂意向"或曰中国未来发展所带来的各类效应(如经济效应、安全效应)是否可以预期?美国方面的迟疑如下。

(1)美国认为针对中国发展所带来的不确定性增加这种逻辑,对华战略必须调整的理由是:基于使中国成为现行体系"负责任的利益攸关方"战略可能趋向失败的判断。从尼克松访华以来,历届美国政府对华政策基本有两个方面:一方面与中国接触,而且不断拓展和深化接触;另一方面,对中国增长的国力进行对冲,在东亚地区维持一个对美国及其盟国有利的平衡。美国希望通过这样一种方式使中国融入国际体系的战略目的却与近年来中国内政和外交的发展背道而驰,中国在自己的周边正在建立替

---

① Colin Flint and Ghazi-Walid Falah, "How the United States Justified Its War on Terrorism: Prime Morality and the Construction of a 'Just War'," *Third World Quarterly*, Vol. 25, No. 8, 2004, pp. 1379–1399.

代现行国际体系的结构（包括地区贸易协定和新的政治机制）来服务于自己的利益，而使美国边缘化。近来美国外交学会发布了由美国驻印度前大使布拉克韦尔（Robert Blackwill）和卡内基国际和平基金会研究员泰利斯（Ashley J. Tellis）合写的长篇报告，呼吁实质性地修改美国对华大战略，引起广泛争论。报告的基本观点是，"中国现在是并将在今后几十年中都是美国最主要的竞争者"。美方反思是否美国在冷战结束后犯了一个严重战略错误：过于乐观地认为一个以自由的规范和机制为基础的新世界秩序是可行的，中国会加入这个秩序并从中获益，甚至会接受美国的领导地位。

（2）中国在钓鱼岛以及南海维护领土主权行为被美国视作中国放弃"韬光养晦"战略的有力证据，美方担忧中国可能通过"单边行动"来修改由美国主导的国际秩序。中国现在既有资源，又有潜在动机把美国力量推出东亚。中国在南海地区填海造岛，这种做法所带来的政治影响极其深远，而且越来越有迹象表明美国在南海地区的亚洲盟友对美国的信赖感在下降，但美国对中国在南海的强硬表现并没有一个切实可行的应对，武装舰队威慑效果不明显。

（3）美方判断中美两国"对抗式竞争"的加剧将成为两国关系的现实。美国寻求保护它的全球霸权，而中国力量的崛起则要销蚀美国的超强地位。为此，美国需要一个新的大战略，其核心是平衡中国国力的崛起，而不是继续帮助它的上升。但考虑到全球化的现实情况，美国新战略不可能建立在遏制中国的基础之上，因为现实层面没有一个亚洲国家会参加这种遏制。但也不能简单继续当前的接触政策，而是应当对现行政策进行实质性改变，加强对中国牵制和平衡，减少与中国的合作。

而实际上，中国对自身的复杂性和多重身份须有自我意识，不应将自身想象和表述得过于理想和"高尚"，以免加大我们言行之间的鸿沟并削弱自身信誉。与此同时，我们还须改善自身在一些关键领域的国际行为，使之尽可能变得"高尚"，以提升我们的国际信誉和影响。在国际权势政治秩序方面，中国在不同方面的意向上也存在差异：对于美国在西太平洋的军事和战略主导地位，在太空以及在网络空间领域，以及如何对待日本的态度方面。中国在与美日博弈过程中维护海洋权益，同时争取在全球公域加强积极影响与权力的发展；在地缘经济安排和准经济影响区，中国也在努力塑造一个更有利于中国发挥作用的环境；在大国协调应对国际安全中的不稳定国家和态势上，中国是部分合作者；在与美国的权力关系问题上，中国不得不以平衡的两手来确保两国关系继续在正常的轨道上发展。通盘考量，中国对两种国际秩序的意向存在突出的、根本性的紧张，总体上在后者显得更加激进和倾向变革。在对"国际秩序"的态度上，"中国是什么"仍将继续是一个模糊不清的问题。

二　中国"友情外交"战略的赋意逻辑及其必要性解读

2016年是中国共产党成立95周年，也是日本发动"九一八事变"85周年。本着以史为鉴、面向未来的精神，回首中国多灾多难的近代历史进程，探索当今世界政治格局重塑与国际社会如何和谐共进，如何迈向合作共赢的新型国际关系，具有重要的历史和现实意义。而解读一个国家的外交战略，根据传统研究路径，我们不仅需要从其历史发展路径的轨迹进行深度思考，也更需要结合其民族国家发展的现状和其背后的文化因素进行考量。同时，我们也不能回避国际关系理论新发展下带来的学理纷争促成的见解分化。当代中国正经历着多重转型，国际体系也处于深刻转型，中国与外部世界的关系在发生着历史性变化。这种双重转型既增加了双方相互认知的困难，也更反映出相互理解的重要性。[①] 特别需要指出的是，目前围绕中国国际战略、"命运共同体"理念等的相关论述可用"铺天盖地"这个词来形容。不仅有众多学者从不同视角进行了剖析，而且交锋日渐犀利。但具体围绕"友情外交"战略进行深度研究的论述却不多见。坦率地讲，在此背景下若要提出一套新的思考逻辑来另辟蹊径显得很难。鉴于以

---

① 卢静：《中国和平崛起的国际舆论环境分析》，《国际问题研究》2015年第2期，第46页。

上情况，笔者尝试从行为心理学视角来解析中国的这组战略行为，或许能得出一些有意义的补充思考。

（一）习近平"友情外交"开启中国外交新时代

人们记得，在习近平主席出访哈萨克斯坦、马来西亚、韩国、蒙古国等国家时，往访国领导人特设家宴款待，显示特殊情谊。如以到访蒙古国为例，额勒贝格道尔吉总统设家宴款待习近平夫妇，总统夫人亲自下厨掌勺。在塔吉克斯坦，总统拉赫蒙在杜尚别总统官邸摆下家宴款待习近平夫妇，拉赫蒙亲手摘下一颗果子递给习近平。习近平主席访问哈萨克斯坦，纳扎尔巴耶夫总统打破常规主动提议乘坐中方专机飞赴阿拉木图，两位领导人在飞机上共进早餐，促膝相谈。① 举手投足间，领导人们之间亲密、投缘的气氛展现无遗。从效果来看，"友情外交"不拘形式，不受外交礼仪限制，通过"拉家常"的方式拉近彼此距离，更有利于促进领导人之间的友谊，更有利于促进国与国之间的关系。考虑到概念术语在行文逻辑中的基础性作用，在本文中，有必要先就"友情外交"作出一个界定，笔者认为"友情外交"特指国家领导层之间通过增进彼此间私人友谊进而推动国家间关系向好发展的一种外交行为。根据博弈论和战略学等的学理论断来看，不同国家团体、组织或机构的自身决策都或多或少间接影响着其他团体、组织或机构的决策选择。国家间战略制定与实施进程的这种交互性影响也使得我们不得不重视当下"友情外交"决策理念的关联逻辑。而再具体聚焦于当前国际格局，虽然从传统权力结构角度讲，结构性权力既可以由国家行使，也可以由非国家权威行使；② 但在当下社会性权力日渐发挥更大作用的现实状况下，我们也应注重考虑通过开展"友情外交"以获取中国发展所需要的社会性空间资源。中国目前所面临的周边问题、能源问题、气候问题等，都是传统公共外交不易解决的。通过"友情外交"的

---

① 吴黎明：《"友情外交"为中国外交增添"人情味"》，《新华每日电讯》2014 年 9 月 23 日，http://news.xinhuanet.com/mrdx/2014-09/23/c_133664710.htm。
② 〔英〕苏珊·斯特兰奇：《权力流散：世界经济中的国家与非国家权威》，肖宏宇、耿协峰译，北京大学出版社，2005，第 45 页。

补充，有些甚至能够迎刃而解。再加上领导人个人的魅力和个人能力，有些问题讨论起来更合适，解决起来更容易。实际上，"友情外交"是建立在国家根本利益之上的。随着中国外交的发展，新一代领导人对中国外交在内容和方式上不断进行创新和拓展，也符合国家利益和国际战略的需要。①

（二）"自我效能感"强弱是评价国家"友情外交"开展自洽与否的一个重要参考系数

在全球化快速发展的新形势下，一个国家能否坚持自身发展道路并通过自我修复功能让本国能够实现持续进步显得极其重要。以中国为例，我们当前推出"命运共同体"理念、"友情外交"和"一带一路"倡议不仅仅与中国自身的发展脉络息息关联。从历史上看，中国与世界其他文明之间的交往，交心式互动作为主旋律在促进中外发展进程中发挥了极为重要的作用。经由"丝绸之路"，东西方人员来往，物产交易，极大丰富了沿线人民的生活。② 历史发展到今天，在21世纪我们提出"友情外交"及"一带一路"倡议，是现实的选择也是历史的选择。③ 我们追溯历史可以看到，二战期间中国作为远东地区主要的反法西斯阵营一员，为二战胜利作出了极大贡献。而无论二战期间还是战后，中国在国际舞台上的作用与影响力都日渐变得举足轻重，并且随着岁月的流逝，中国逐步形成了自己的国际秩序逻辑。简言之，每个国家对自身所处的国际地位中的身份都会随着时间与自身国力的发展有不同的判断。而一个国家的总体大战略的制

---

① 《跟习大大去出访》，人民网，2014年9月13、14日。
② 岳蔚敏：《"丝绸之路"从历史中走来》，《开封日报》2014年7月10日。
③ 有些国家担心中国可能会搞新殖民主义，对中国的战略持怀疑态度。如根据澳大利亚的一份官方评述，中国的快速崛起以及其在军事领域的现代化不可避免将引发其与亚太地区主要国家安全方面的紧张。澳大利亚方面就中国如何与亚太主要战略伙伴（美国、日本和崛起中的印度）之间如何互动非常重视。See Department of Defense, Australian government, *Defending Australian, the Asia Pacific Century: Force 2030, Defense White Paper 2009* (Common wealth of Australia, 2009). This official position arouses concern among some Chinese analysts. See Yu Chang sen and Jory Xiong, *The Dilemma of Interdependence: The Features and Trends of Sino-Australian Relations* (Second Dialogue Forum of the Sino-Australian Joint Research Program, Brisbane, July 21–23, 2010).

定，不可能仅仅依赖于针对其他行为体在特定问题上的利益所进行的一次性短期分析。它也需要国家间开展长期的互动和联系。① 而从国家战略制定的情感角度来看，情感不仅仅影响着互动中行为体的行为倾向，为身份转化提供行为动力，它还组织行为体的相关认知活动，影响行为体对互动进程的评估结果，从而影响行为体判断自身与互动他者的身份关系。② 为构架起行为体情感与行为体行为逻辑之间的线性关系，笔者引入心理学中的术语"自我效能感"这个概念进行阐释，指的是一个人如何将外在物质的和文化的东西内化为自身某种品质的能力，以完成某一行为。引申开来，笔者所界定的一个国家"自我效能感"则是指国家能够在多大程度上利用自身现有物质和文化的东西去完成某项目标的自信程度。一个国家"自我效能感"强弱体现在能否将当下体验（国际规范、规则等）内化到自有"经验组织原则"（发展模式）中的能力。③ 如果该国家"自我效能感"很强，能够吸收世界各地的一切有利要素来促进自身发展，那么这个国家无疑是异常强大的，并且将在发展的道路上越来越自信。

（三）国家外交战略能否获得最终成功取决于国际社会对其战略的赋意

从经验逻辑角度推论，一个国家的国际发展战略即使出发点是好的，并且各个要素都能发挥正面作用的情况下，国家战略也未必能获得成功；但如果一个国家不能从长远大时空发展角度来谋划战略，国家发展前景无疑将受到阻滞。历史也告诉我们：战略问题是一个国家发展的核心问

---

① 〔美〕鲁德拉·希尔、彼得·卡赞斯坦：《超越范式：世界政治研究中的分析折中主义》，秦亚青、季玲译，上海人民出版社，2013，第85页。
② 季玲：《"东亚共同体"与东亚集体身份兴起的情感动力》，《外交评论》2011年第4期，第75页。
③ 在这里有个颇具争议的观点是如何理解国家的感性行为。能否把一段时期内国家的偏激行为量化为国家成长进程中的必不可少的"内在情感的妥协"？国家一段时期内的"任性"行为能否也可以看作是国家"内化力"防御的一种表现形式？引申开来讲，民族国家层面的情感倾向与国家关系互动之间能否建立起一种可以测量的诠释标准。国家发展模式走向与跨国间关系的发展究竟多大程度上受到该国国内人民情感选择的影响？国家自身是否有能力自我调节这种国际层面的亲疏度？大国是否有必要通过各种方式来引导有关国家向着有利于世界和平发展的方向进行努力？

题，缺乏战略谋划的国家，很难成为真正的强国。谋划战略，就要把握现实，选择未来。实践证明，在当代中国的发展进程中，改革开放是重大并获得世界认可的成功战略决策。面向未来，需要在坚持改革开放和符合世界潮流这个大背景下，探索和谋划大国发展的未来之路。在这个进程中，我们不能因为既有的利益或立场问题而刻意进行忧虑或怀疑。此外，国际关系学界情感研究的倡导者们也注意到情感对行为体认知进程的重要作用；[1] 我们要避免因为情感因素而使自身被动割裂于国际社会。目前我们该深度考虑的是，借鉴与宣传中国成功经验的同时，不要强化那些用传统方式看待其国家利益的派别，因为加强了他们的地位会损害那些把合作看成为国家安全与繁荣基础的派别。[2] 由此，我们不仅要对一些重大历史事件进行进一步的解析，尤为重要的是我们也要对该国民族的秉性特点和其自身行为方式进行进一步源头追溯，了解其思想认知行为逻辑背后的经验组织方式和如何对其影响进而让其重构新的行为组织方式就显得重要。此处笔者强调的是，我们应更多地从作为客观层面的第三方视角，尽量客观地理解当事国对其所经历重大事件的自我感受和赋意，比我们单从所谓人类正义与公平角度得到的结论可能更客观。从这个层面进而向国际社会解读今天我们中国的"友情外交"与国际秩序观，或许也就能从一个更加多维的角度来获得国际社会的认可与追随。

三 强化感情纽带建设，有效引导亚太政治格局向有利于我国的方向发展

西方地缘政治学历经百余年来的发展演变，形成了系统、权威的古典

---

[1] 克劳福德认为，个人或团体将自身与他者的关系分为不同的情感种类，这些不同的情感关系影响着他们对他者的知觉，尤其是影响他们对他者行为或所处的情境的解释。See Neta C. Crawford, "The Passion of World Politics: Propositions on Emotions and Emotional Relationships," *International Security*, Vol. 24, No. 4 (Spring 2000), pp. 134-135.

[2] 〔美〕布鲁斯·琼斯、卡洛斯·帕斯奈尔、斯蒂芬·约翰·斯特德曼：《权力与责任》，秦亚青、朱立群、王燕、魏玲译，世界知识出版社，2009，第277页。

地缘政治理论，提供了一整套有关地缘政治的思维模式和认识论框架，也即"西方地缘政治想象"。受此影响，当代西方地缘政治精英在解读中国崛起时会产生两种习惯性思维：一是历史类比，将中国与历史上的崛起大国相比照；二是通感，想象中国会模仿自己追求扩张和霸权。① 实际上，中国对外战略并不以追求权力和控制为目的，不依循"国家中心主义"路径，也不采取海陆对立的"两分法"视角，而是尝试超越传统的地缘政治思维。我们妥善应对中国快速发展背景下因实力对比变化引发的地缘政治风险，讲好中国的地缘故事，改造重商主义的地缘经济学，代之以合作开放、互利共赢的新地缘经济学，探索和构建有中国特色的地缘政治学显得尤为重要。中国作为崛起大国强势表现，而美国作为头号守成大国被激发出恐惧与焦虑，当下美国对华政策集中反思也是这种焦虑的体现。再加上中国外交表现出积极进取的姿态，刺激了美国的焦虑。为此，美国对华战略进行前瞻式"压制"出牌，也就不足为奇了。

（一）亚太地区"挑唆"热点问题的背后是美国冷战思维作怪的结果

中美两国都清楚，在南海问题上的分歧表明，两国间的一个基本问题是中国要维护自己的领土主权安全，而美国则想通过打"海洋牌"来"保卫"其在亚太地区的安全利益。而且即使中国作出一些让步也不可能使两国关系取得突破。两国间蒸蒸日上的双边贸易关系和其他交往提供了避免战争的理由，但没有解决两国间的安全困境，而恰恰是安全问题可以独立地把两国拖入冲突。而近来美国在韩国部署萨德导弹，在东海地区将钓鱼岛纳入美日安保范畴，这一系列针对中国的安全部署用意明显。显然，美方目的在于将中国压制在岛链一线以西，打压中国和平发展空间，进而通过安全困境博弈等方式以迟滞中国崛起速度。

（1）在中美存在战略互疑的大背景下，对华即使比较温和的美国学者大都认为美中需要找到合适契机向彼此澄清战略意图，却不认为中美搞第

---

① 科林·弗林特、张晓通：《"一带一路"与地缘政治理论创新》，《外交评论》2016年第3期，第1~3页。

四份联合公报是"好主意"。原因是目前不论南海、网络安全还是其他议题,美中之间困难与分歧太多。而针对来自其亚太盟友的担忧,美方提供安全保障的任务显得尤为迫切。针对中国在南海、东海地区的做法,美国认为有必要削减其在全球各地的军事承诺,集中对付中国可能对其盟友发起的战略进攻。为改变亚洲盟友对美国信赖的疑虑,美国军方针对中国的活动频率增强是大概率。而美国暗中正在施行的"中南半岛战略"与传统打"西藏牌""人权牌"等有明显不同,在"亚太再平衡战略"外衣的陪衬下显现出更具进攻性色彩。

(2)美国对华战略纵深在于重新整合亚洲盟友关系,重构"遏华联盟"。实际上,中国崛起已是不争的事实,崛起的中国需要更大的空间和更多的发言权也是事实。现在反而是美国对华政策很不清晰,美国究竟能在多大程度上接纳中国的崛起以及如何让其盟友心态调整到接纳中国崛起态势并不明朗。但根据迹象,美国重新构筑亚太盟友关系,凝聚"反华联盟"动议,收拢东亚地区国家"疏离"中国的倾向,以就如何应对中国崛起达成政治共识。其附带手段包括进一步强化美日同盟,重新评估中美两国间的合作项目,如终止政府间的技术转让项目;加大对国防投入,在亚太地区加强美国海、空军存在,增强向亚太周边地区投放力量的能力等。而作为对华强硬派代表之一的普林斯顿大学教授阿伦·弗里德伯格(Aaron L. Friedberg)则极力主张把"再平衡"战略拓展到"印太地区",并提出增加对中国进口商品的征税;反对中国倡议的可能有助于中国崛起的任何新的国际机制等。

(二)强化感情纽带建设,化解亚太地区相关国家安全疑虑

针对美国赋意的中国"扩张主义"逻辑与现实层面"反华联盟"的再次动议,中国在南海、钓鱼岛等涉及主权领土问题上继续强硬的同时,应辅以强化感情纽带方式来进行预防式应对美国可能的战略调整。通过硬中带柔、以柔辅硬的软实力发挥作用,跳出中美"修昔底德陷阱"这样的困境。

(1)培养近邻"忠诚",聚拢不同国家民心向利我方向发展。值得注意

的是,就当前权力格局来讲,我们当下强化感情纽带建设的重点不是如美国等西方国家所怀疑的中国是为了获取安全和拓展地缘政治利益等领域的权力,也不是为了重建国际新秩序,而是我们要更多地从社会性人心层面获取一种支持的状态,将我们的"亲诚惠容"外交理念落到实处。我们立足获取的是在更多情况下来维持群体凝聚力的一种心理——社会承诺能力,如在某些情况下,能够动员近邻国家为了群体利益做出伟大牺牲。而从实践层面讲,培养近邻"忠诚"与给予"尊重回报",在当下我们国家交往与关系建构中需着力推进,特别是在与亚太地区国家如柬埔寨、孟加拉国等关系互动发展层面,让这些亲华国家收获的不仅仅是经济利益,更有政治层面的尊荣。

(2)注重在亚太近邻国家的人文领域进行精耕细作,有序培育当地政治新秀及望族在"情感定向"进程中发挥纽带作用。"情感定向"是指行为体习惯性地将情感价值附加在其他行为体、理念、符号与事件之上的行为组织逻辑。以中、日、韩三国关系演变发展为例,可观察出"情感定向"的特殊作用。而从可行性角度讲,我们在亚太谋划一种积极意义的"情感定向",不局限于通过经济贸易来增进跨国友谊,而是积极做好"孔子学院"工作、推广汉语、普及中国文化,为中国塑造一个正面积极的形象。同时,与"一带一路"倡议相伴,坚持项目合作和人文交流共同推进,注重在人文领域精耕细作,尊重各国人民的文化历史、风俗习惯,加强同沿线国家人民的友好往来。

(3)经营海洋事业,做好对外"两个同步"布局。第一个是重点布局南海水域军事力量。针对南海海域主权事宜,特别是面对南海矛盾不断激化的事实,我们以岛礁建设、军事巡航等手段强化对南海的控制,外交转向强硬。造岛行动提高了控制南海的能力,得到了一定的实惠,但付出了一定的代价,国际社会对我新兴大国的未来角色充满质疑。对此,中国在采用与国际法和国际准则通用的方式进行回应的同时,领土主权立场必须鲜明,武力震慑必须有效。我们坚守底线原则,在维护领土主权问题上绝不含糊。

第二个是重点布局印度洋水域战略支点建设。建设和平、和睦的印度洋，确保我们在印度洋的利益，我们需要努力让印度接受，至少不反对"21世纪海上丝绸之路"倡议。在能够让"季风"计划与印度的经济发展对接时，就尽量争取。在无法对接时，或印度基于安全考量拒绝与"21世纪海上丝绸之路"进行深度合作时，我们仍需保持宽容、耐心与合理的低调，同时按照我们既定计划与利益底线推进"一路"合作项目，以共存并进的方式推进我们的计划。鉴于巴基斯坦、孟加拉国、斯里兰卡、马尔代夫、毛里求斯和塞舌尔等国是"一路"项目的战略支点国或合作伙伴，具有重要的战略价值，我们对与他们的合作计划将一如既往地落实，这包括对瓜达尔港的投资与管理，以科伦坡港口城、汉班托塔港等大项目建设为龙头，推动斯里兰卡临港经济发展和基础设施建设。

总之，以"命运共同体"理念作为价值引领，通过强化感情纽带来积极推进中国周边关系与管控安全问题，将"一带一路"倡议、亚投行建设等逐步落到实处，进而有效提升中国作为负责任的大国形象。同时，我们要抓住当前国际社会经济整合转型的机遇，进一步主创和参与美国领导下的各类机制，有序形成彼此间新形势下的相互依存关系，进而助力于中国"两个百年"目标的实现。而在国际话语道义宣传上，我们的态度也需稳重，我们不惹事，但也绝不怕事。我们外交政策的宗旨是维护世界和平、促进共同发展。中国始终是世界和平的建设者、全球发展的贡献者、国际秩序的维护者，愿扩大同各国的利益交汇点，推动构建以合作共赢为核心的新型国际关系，推动形成人类命运共同体和利益共同体。①

---

① 《习总书记七一讲话全文》，新华网，2016年7月1日。

"一带一路"专题

"一带一路"背景下内蒙古地区对外文化发展的战略意义与路径选择

翟 禹[*]

摘 要：构建"中蒙俄合作走廊"是"一带一路"倡议的重要一环，内蒙古在其中占有重要地位，是中国向北开放的战略支点和桥头堡。其中，内蒙古地区对外文化发展要秉持互利共赢、开放包容等基本原则，在对外文化交流合作机制与平台、基础建设、对外文化贸易和文化产业等方面开展各项建设和发展，并依靠组织、政策法规、资金和安全等方面的举措对其实施保障。

关键词："一带一路" 内蒙古 文化交流 中蒙俄合作走廊

绪 论

（一）研究背景

2013年，习近平主席在访问中亚和东南亚国家时先后提出了共建"丝绸之路经济带"和"21世纪海上丝绸之路"的倡议（合称"一带一路"），为中国与周边国家进一步扩大互利共赢、提升合作潜力提供了新的契机。《推动共建丝绸之路经济带和21世纪海上丝绸之路的愿景与行动》提出："根据'一带一路'走向，陆上依托国际大通道，以沿线中心城市为支撑，以重点经贸产业园区为合作平台，共同打造新亚欧大陆桥、

---

[*] 翟禹，内蒙古社会科学院历史研究所副研究员。

中蒙俄、中国—中亚—西亚、中国—中南半岛等国际经济合作走廊。"① 其中，构建"中蒙俄国际经济合作走廊"是其中的重要一环，内蒙古在"中蒙俄合作走廊"中是中国向北开放的战略支点和桥头堡。文化是民族的血脉，是人民的精神家园，是国家强盛的重要支撑。促进内蒙古地区的对外文化发展，对于助推"一带一路"建设，加强民族团结、巩固边疆稳定，转变经济社会发展方式，增强地区综合实力，保障国家文化安全等诸多方面，都具有非常重要的意义。

中国、俄罗斯、蒙古三国于2016年6月23日签订了《建设中蒙俄经济走廊规划纲要》，中蒙俄经济走廊是"一带一路"首个多边合作经济走廊。内蒙古是中国向北开放的重要桥头堡和战略支点，在中蒙俄经济走廊建设中发挥着关键作用，《建设中蒙俄经济走廊规划纲要》的出台也为内蒙古经济建设发展提供了绝佳的机遇。从积极参与"一带一路"的建设上来说，内蒙古地区拥有显著的区位优势，内蒙古地处中国北方，横跨中国东北、华北、西北，外接俄罗斯、蒙古国，具有联通俄蒙的不可替代的战略地位。内蒙古在中蒙俄经济走廊建设中也具有突出的文化优势，如内蒙古与蒙古国在民族文化上有着高度的共通性，这是毋庸置疑的。而内蒙古地区历史上历来与俄罗斯联邦内的诸多地区，如布里亚特、西伯利亚等地有着较为频繁的交流往来，这些都构成了中蒙俄三国文化交流合作的良好基础。

（二）研究现状

有关中蒙俄经济走廊建设问题的研究成果近些年大量涌现，这些成果均是从中蒙俄全面合作的视角来进行研究，尤其是对经济贸易合作问题极为重视，学者们对中蒙俄经济走廊建设和三国的经济贸易合作问题提出了许多新的观点和认识。中国社会科学院亚太与全球战略研究院的郑伟出版

---

① 国家发展改革委员会、外交部、商务部：《推动共建丝绸之路经济带和21世纪海上丝绸之路的愿景与行动》，人民出版社，2015，第6页。

了智库报告《"一带一路"倡议下构建中蒙俄经济走廊的战略意义及路径选择》[1] 是近年来出版的在"一带一路"背景下关于中蒙俄经济走廊建设的最新研究成果,但专门研究其中的文化发展与交流的研究尚不多见,亦鲜见有关研究报告问世。

就笔者目力所及,2016年内蒙古自治区发展研究中心组织承担了一项中蒙俄经济走廊建设课题,最终成果为《中蒙俄经济走廊建设重点问题研究》[2] 一书,其中第七章"丝绸之路经济带历史价值及开发草原丝路特色精品旅游研究"、第八章"中俄文化交流与丝绸之路经济带建设研究"涉及本文所关注的"内蒙古文化发展与对外交流"主题。由内蒙古财经大学中蒙俄经贸合作与草原丝绸之路经济带构建研究协同创新中心等部门联合召开学术研讨会,后将会议论文汇集成《"中蒙俄经济走廊"学术论丛》[3] 一书,重点围绕"一带一路"倡议下的地区、行业承接与推进,加强"中蒙俄经济走廊"建设、强化沿线各国政府及企业务实合作、推动中国企业的国际化发展等问题进行了交流和探讨。

关于中蒙文化交流关系的研究,张智荣、柴国君主编的《中蒙文化交流与文化产业合作研究》[4] 一书从中蒙文化交流与文化产业合作的现实选择、基础与制约因素、合作的效应分析、战略构想、路径以及合作政策等方面进行了全面详细的研究,又对内蒙古地区在中蒙文化交流合作与产业合作中的特殊地位进行了论述,提出了许多颇有创见的观点和认识。内蒙古社会科学院近年来同蒙古国科研机构开展中蒙关系的历史与现状研究项目,目前出版了《中蒙关系研究(一)》和《中蒙历史学研究文集》两部论文集。[5] 其中,《中蒙关系研究(一)》文集中,有多篇论文涉及中

---

[1] 郑伟:《"一带一路"倡议下构建中蒙俄经济走廊的战略意义及路径选择》,社会科学文献出版社,2016。本书的部分内容同时亦在报刊发表,见《"一带一路"倡议下构建中蒙俄经济走廊的路径选择》,《北京工商大学学报》2016年第5期。
[2] 内蒙古自治区发展研究中心编《中蒙俄经济走廊建设重点问题研究》,人民出版社,2016。
[3] 侯淑霞、孙国辉主编《"中蒙俄经济走廊"学术论丛》,经济管理出版社,2016。
[4] 张智荣、柴国君主编《中蒙文化交流与文化产业合作研究》,经济管理出版社,2017。
[5] 本书编委会主编《中蒙关系研究(一)》,内蒙古大学出版社,2015;本书编委会主编《中蒙历史学研究文集》,内蒙古大学出版社,2015。

蒙文化交流合作的专题，如《消除文化认同差异，促进中蒙双边关系发展》《内蒙古在对蒙人文交流与合作中的地位和作用》《蒙中新千年的文艺交流与合作》《蒙中文化关系的新方向》等，分别由中方和蒙方学者从不同角度对中蒙文化关系的历史与未来进行了研究讨论。这项从学术角度开展的中蒙文化合作还将长期继续进行下去，相信会收到显著的效果。

关于中俄文化合作，邬力等人的著作《中俄人文合作历史与现实》[①]一书较为全面地介绍和评述了中俄两国在人文合作各个领域的历史，这是国内第一部比较系统地研究中俄人文合作的专著，全书分别对中俄之间的文学、美术及音乐、教育、法律、传媒、体育、旅游、卫生、青年等领域的交流合作历史和现状进行了研究，同时对其中存在的问题和发展趋势做了分析，并在此基础上提出了一些对策建议。要掌握中蒙俄合作的现状并把握未来，对于中蒙俄三国合作交流的历史应有一定的了解和认知，上述这部专著就是这方面研究成果的代表，值得参考。由黑龙江大学牵头成立的中俄全面战略协作协同创新中心出版了系列丛书，其中《文明的对话——俄罗斯与中国》[②]为首届俄罗斯学会议论文集，其中有"中俄人文合作研究专题"收录了有关中俄旅游、教育、艺术、法律、青年、卫生、传媒等多个领域的合作专题研究论文。

由于本文主要立足"一带一路"背景下的内蒙古地区在"中蒙俄经济走廊"建设中如何开展对外文化发展的问题，故重点介绍和评论了上述相关成果，实际上有关中蒙俄诸领域合作的研究成果是非常多的。

（三）研究内容

本文是一篇关于内蒙古地区在"一带一路"中对外文化发展的研究报告，主要探讨在当前"一带一路"建设的大背景下，内蒙古地区作为"中蒙俄经济合作走廊"建设的国内重点区域，其对外文化发展的战略意义和

---

① 邬力等：《中俄人文合作历史与现实》，黑龙江大学出版社，2013。
② 郭力主编《文明的对话——俄罗斯与中国》，黑龙江大学出版社，2014。

路径选择，具体从对外文化发展的基本原则、实现目标、文化交流合作机制建设、平台建设、各项基础文化建设与发展工程以及对外文化贸易与文化产业的发展等几个方面进行梳理和讨论，此外还对内蒙古对外文化发展的保障机制进行了研究。希冀能够通过本报告的研究，为在"一带一路"建设大背景下的内蒙古地区对外文化发展提供有益借鉴。

一 内蒙古对外文化发展的基本原则和实现目标

（一）基本原则

1. 坚持"和平合作、开放包容、互学互鉴、互利共赢"的丝路精神

"一带一路"建设的社会根基是民心相通，发展对外文化就是在传承和弘扬丝绸之路友好合作的精神，广泛开展文化交流、学术往来、人才交流合作、媒体合作，可以为深化多边和双边合作奠定坚实的民意基础，力争创建属于中蒙俄三国的"文明共同体"。在时代大背景下积极开展与俄罗斯、蒙古等"一带一路"沿线国家和地区的交流与合作，达到共同参与、共同建设、共享利益的目的。

2. 坚持"积极参与、主动融入、科学评估、防控风险"的行动原则

应充分认识到开展国际合作对于经济社会发展的积极作用，主动在"一带一路"文化交流合作机制、平台建设和重点项目实施等方面积极响应国家号召，顺应国家层面宏观战略，主动与"一带一路"沿线国家和地区开展交流合作，为实现兴边富民、睦邻友好奠定文化合作基础。加强文化交流过程中的科学论证，做好风险评估，努力排除"一带一路"文化发展过程中的风险因素，同时提高监管能力，确保国家文化和社会安全。

3. 坚持"崇尚自然、践行开放、恪守信义"的草原文化核心理念

"崇尚自然、践行开放、恪守信义"的草原文化核心理念是内蒙古地区最典型的文化特征，这与丝绸之路精神保持一致，并在此基础上正确分析、研判内蒙古在"一带一路"发展战略中的地位和作用，以打造中蒙俄国际经济合作走廊为契机，充分发挥内蒙古联通俄蒙的区位优势。

4. 以全球视野、战略思维和大局意识为开展"一带一路"文化交流国际准则

加强国际国内文化交流合作，把内蒙古地域文化、民族文化和传统文化优势转化为开放型、发展型和持续型对外交流优势。树立正确的义利观，兼顾各方利益和关切，在文化交流合作中，应考虑经济社会文化发展程度不同的实际情况，寻求最佳合作内容与方式。

5. 坚持"发挥优势、市场引导、开放发展、持续交流"的文化走出去原则

秉承"创新、协调、绿色、开放、共享"的发展理念，把内蒙古地域文化、民族文化和传统文化优势转化为开放型、发展型和持续型对外文化交流优势，将内蒙古建成我国向北开放的战略支点，发挥市场在资源配置中的基础性作用，开展文化贸易，推动内蒙古文化"走出去"开拓国际市场。

6. 坚持文化安全、维护稳定从而促进经济社会进步的发展原则

文化发展具有促进经济发展、维护地区稳定的重要作用。利用文化的力量维护区域稳定，反过来通过经济发展促进地区稳定也可以维护文化安全。因此，维护稳定、经济发展和文化安全是一环套一环的，前后相续而又浑然一体、密不可分。

（二）实现目标

区域发展离不开国家整体的发展和进步，要想确立内蒙古地区对外文化发展的总体目标，就需要准确把握国家"一带一路"的总体战略，全方位提升内蒙古自治区文化领域开放水平，发挥联通俄罗斯、蒙古国的区位优势，秉承立足北疆、面向俄蒙、连接全国的原则，辐射"一带一路"有关国家，构建开放包容、互利共赢、交融创新的"利益共同体"、"责任共同体"和"命运共同体"，把内蒙古建成向北开放的重要窗口、中蒙俄经济走廊的重要支点以及中蒙俄人文交流平台。具体来说，需着力实现以下目标。

1. 文化交流合作机制与平台建成体系并逐步完善

与蒙古、俄罗斯及其他有关"一带一路"国家之间的文化合作交流合作机制进一步健全，政府及各部门之间、企事业单位之间、民间社团之间的合作工作机制进一步完善，形成政府主导、部门合作、社会参与、市场运作的良好运行机制。建成分布广泛的中国文化艺术和交流中心，以"一带一路"为主题的艺术节、博览会、论坛等文化交流平台建成体系，力争各类文化艺术活动平台建设逐步实现规范化和常态化，并产生良好的社会效益。总体要构建政府与民间并举、引导社会多方参与的对外文化交流格局，使文化产业国际合作、对外文化贸易、文化领域人员往来等便利化水平显著提高。

2. 文化交流合作基础建设成就优势充分显现

充分体现内蒙古在草原文化、欧亚大陆传统与现代主题文化的艺术创作、非物质文化遗产和物质文化遗产等重大文化交流方面的载体作用，让不同领域和不同形式的文化交流进一步密切深化。

3. 对外文化贸易显著发展，深具内蒙古特色的文化产业逐渐形成

充分利用国际、国内两个市场、两种资源，面向俄蒙，推出更多体现内蒙古民族、地域特色的文化产品和服务。初步形成有内蒙古积极参与的沿边文化产业带，推动内蒙古文化"走出去"。全面贯彻落实国家关于加快发展对外文化贸易的战略部署，以改革创新为动力，以完善对外文化贸易发展环境为保障，坚持统筹发展、政策引导、企业主体、市场运作的原则，优化对外文化贸易结构，创新对外文化贸易发展模式，推动内蒙古文化"走出去"开拓国际市场，扩大文化产品和服务出口，提升内蒙古对外文化贸易的国际影响力，推进民族文化繁荣发展，实现内蒙古从民族文化大区向民族文化贸易强区的跨越。

4. 文化交流和文化产业人才集聚

以全球视野和战略眼光充分开发利用国内、国际文化领域各类人才，使内蒙古能够在"一带一路"文化发展大框架之下主动参与国际人才竞争，逐渐形成更加灵活、完善和开放的文化人才培养、吸引和使用机制，使得优秀文化交流和文化产业贸易能够集聚人才，做到能够"引得进、留得住、留得动、用得好"。

二 内蒙古对外文化发展的路径选择

(一) 构建内蒙古"一带一路"对外文化交流合作机制

积极构建政府部门和社会团体多层次宏观政策沟通交流机制,促成中国、蒙古、俄罗斯三国政府签署相关文化交流合作协议,贯彻落实现有《中华人民共和国和蒙古国战略伙伴关系中长期发展纲要》(2013年)、《内蒙古自治区深化与蒙古国全面合作规划纲要》(2014年)、《建设中蒙俄经济走廊规划纲要》(2016年)、《内蒙古自治区人民政府办公厅关于进一步加强与俄蒙文化交流的意见》(内政办发〔2016〕25号)、《内蒙古自治区加快发展对外文化贸易实施方案》(内政办发〔2016〕24号)等文件的内容和指导思路。深化政府部门间人文合作委员会等合作机制,制订"中蒙俄经济走廊"文化合作详细措施和年度计划,为内蒙古"一带一路"文化发展提供机制保障,引导和扶持社会力量参与"一带一路"文化交流合作。

在中蒙全面战略伙伴关系和中俄全面战略协作伙伴关系的框架下,建立内蒙古与蒙古、俄罗斯常态化文化合作交流机制,加强与中国文化部外联局,中国驻俄罗斯、蒙古国使馆及俄蒙中国文化中心的联系,密切配合,建立中蒙俄三方定期会晤工作机制,商讨工作,互通情况,交换意见,明确任务,形成共识,并制订行之有效的年度中蒙俄文化交流计划。促进国际合作机制水平显著提升,建成内蒙古沿边开放和区域文化交流合作与文化贸易示范区,依托沿边口岸、边境城市开展文化交流和文化产业合作与对外文化贸易,打造沿边文化交流带。

加强与俄罗斯联邦外贝加尔边疆区、伊尔库茨克、布里亚特、图瓦、卡尔梅克等地区以及蒙古国诸次级区域的文化交流合作。积极组织创办中蒙俄文化交流区域性联席会议,组织举办少数民族地区文化交流与发展经验交流会,突出开展民族特色和地区特色文化交流。建立完善中蒙俄地方文化交流和专题文化交流协商机制和互动合作机制,定期举办中蒙俄文化发展论坛，开展专题文化研讨。

（二）发展内蒙古"一带一路"对外文化交流合作平台

推动海外中国文化中心建设，稳定和加强中蒙俄三国文化艺术交流的广度和深度，打造以"一带一路"为主题的国际文化节、博览会等国际交流合作平台。定期举办并完善内蒙古"文化那达慕"活动平台，组织文艺演出、文化论坛、非物质文化遗产展览、文化贸易等活动；积极参与、组织中蒙、中俄"文化年"活动，定期在蒙古国、俄罗斯举办文化周、文化日等大型文化交流活动，与蒙古国合作举办国际蒙古语戏曲节、国际蒙古族舞蹈艺术节。积极参与国家分别在俄罗斯和蒙古国举办的"欢乐春节"等大型活动，充分利用国家层面的高端平台，展现和宣传内蒙古民族特色文化。积极鼓励内蒙古地区与俄罗斯、蒙古国边境毗邻的相关盟市、旗县文化机构与俄、蒙相关对口部门之间建立直接的联系，构建形式多样的合作交流平台。

1. 建设文化交流中心

内蒙古应与国家文化部在蒙古国乌兰巴托合作共同筹建"中国·乌兰巴托中国文化中心"，以此为平台全面开展与蒙古国的文化交流活动，同时邀请蒙古、俄罗斯的各种文化艺术团体赴内蒙古开展文化交流活动。建议可在呼和浩特设立俄罗斯、蒙古国文化中心，在内蒙古重点边境口岸二连浩特、满洲里等城市建设对外文化交流艺术中心，并以此带动其他边境城市的文化中心建设步伐，力争实现内蒙古边境城市与俄、蒙对口城市中国文化中心交流便利化。

2. 发展文化交流合作品牌项目

以内蒙古草原文化节、乌兰牧骑艺术节等品牌文化节活动为依托，发掘具有浓郁"草原丝绸之路"民族特色和地域特色的文化节目，与蒙古、俄罗斯等国家合作，推动内蒙古文化节目"走出去"，并引进国外优秀节目来内蒙古巡演，加强文化艺术交流演出。推动内蒙古草原文化节升级为中国草原文化旅游节，提升国际交流深度和广度，增强国际影响力。发挥乌兰牧骑的草原文艺轻骑兵品牌作用，组织全区乌兰牧骑在"草原丝绸之路"和"一带一路"沿线地区进行巡回演出,可尝试推出"乌兰牧骑丝绸之路"活动。充分发挥乌兰牧骑"小型多样、一专多能"的特点和民族文化品牌优势,开展对外文化交流,开拓国外演出市场,扩大乌兰牧骑的知名度和影响力,推动内蒙古民族文化艺术走向世界。

3. 扶持文化交流艺术创作

可定期举办中蒙俄文化艺术节,进行独具特色的中蒙俄戏剧和舞蹈展演、国际呼麦大赛等,各项活动由中蒙俄三国每年轮流举办一届。对现有"草原丝绸之路"主题舞台剧深加工、再打磨,使其更好地参与"一带一路"区域文化交流。开展草原画派美术创作和美术展览等合作项目。鼓励引导和支持内蒙古各类文艺院团与蒙古国、俄罗斯及相邻省区文化机构开展联合创作。将边境重点口岸城市二连浩特"茶叶之路"文化旅游节、中蒙友城二连浩特文化周(日)等活动作为内蒙古对外文化交流的重点项目。应充分利用国家艺术基金平台,积极申报"一带一路"题材舞台剧及"一带一路"合作交流项目,包括民族歌舞、民乐、无伴奏合唱、地方戏剧等,可以在"一带一路"沿线国家和地区进行巡回演出。

(三)夯实内蒙古"一带一路"文化交流建设的各项基础工程

注重文化艺术创作与国家"一带一路"发展战略相结合,弘扬草原文化核心理念,大力加强"草原丝绸之路"题材文艺作品的创作、演出和交流,开展文化交流基础设施建设,加强"草原丝绸之路"重点文化遗产保护管理,促进以"草原丝绸之路"为主题的物质文化遗产与非物质文化遗产的传承保护和创新发展,加强蒙古文图书、影视音像翻译出版发行等合作,夯实"一带一路"文化交流建设基础。

1. 加强文化交流基础设施建设

加强内蒙古北部边境旗县文化艺术项目建设,便利中蒙俄友好国际往来,改善提升边境旗县演出剧场及文艺院团排练厅建设。在满洲里、额尔古纳市、阿尔山市、东乌珠穆沁旗、二连浩特市等五个重点口岸城市、旗县建设综合文化中心,在其他普通旗县建设相应演出剧场,在边境旗县建设一定规模面积的乌兰牧骑排练厅,配备文化艺术交流演出交通工具。同时，允许在边境重点口岸城市二连浩特、满洲里等地设立外资经营的演艺机构、演出单位和娱乐场所。

2. 开展非物质文化遗产的联合保护与开发

基于《中华人民共和国文化部与蒙古国教育文化科学部联合保护非物质文化遗产合作协议》，在中蒙联合保护非物质文化遗产合作框架下，双方继续加强交流沟通，共同开展共享非物质文化遗产的联合保护、申遗和学术交流工作。内蒙古计划与蒙古国联合向联合国教科文组织申报"蒙医药"项目为"人类非物质文化遗产代表作"。项目成果为中蒙联合申报、保护共有，计划于2017年启动此项工作，力争申报成功。

组织内蒙古地区蒙古族、达斡尔族、鄂温克族、鄂伦春族和俄罗斯族等具有浓郁地域特色和民族特色的优秀传统工艺类非物质文化遗产代表性项目，开展对外交流展览，同时邀请蒙古国和俄罗斯联邦所属三个蒙古族部落共和国选派蒙古族非物质文化遗产代表性项目来中国举办展览，此外还应采取展演、展销及讲座等多种其他形式，促进中蒙俄非物质文化遗产广泛、深入交流。

3. 合作开展草原历史文化遗产保护与利用工作

开展"万里茶道（内蒙古段）"申报世界文化遗产项目以及"草原丝绸之路"文物考古调查研究与保护工作。与蒙古国、俄罗斯研究机构开展有关"万里茶道"和"草原丝绸之路"的文物展览、文物保护和学术交流活动，适时召开以"蒙古、贝加尔湖西伯利亚及中国北方地区古代文化"为主题的国际研讨会，邀请俄罗斯、蒙古国机构和个人参加学术交流。同时，要继续推进"一带一路"沿线重点项目——元上都遗址申遗后的文物保护建设工作，以使其产生国际影响，并成为中蒙俄三国联合文化遗产保护的典范。

积极推进辽代上京城与祖陵遗址群、红山文化遗址群、阴山岩刻遗址群申报世界文化遗产的工作。目前内蒙古地区准备申报世界文化遗产的项目一共有四个，分别是红山文化遗址、辽代上京城及辽祖陵遗址、阴山岩刻遗址和万里茶道内蒙古段。2016年，内蒙古自治区文化厅（文物局）成立申遗办公室，办公室的职责如下。（1）负责四项申遗工作的总体部署。

研究申遗工作重大事项。（2）负责组织、协调相关申遗单位开展工作。（3）负责万里茶道内蒙古段申遗工作。负责与八省区联合申遗办的相关协调工作，负责组织协调与蒙古国、俄罗斯联合申遗工作。（4）负责申遗相关文件处理工作。负责申遗档案建立、资料收集、遗址调查、考古发掘、专家考察、文本资料等具体工作。（5）完成其他申遗相关工作。[①]

继续实施中蒙联合开展的"蒙古国境内游牧文化考古合作项目"，并加强合作研究成果的宣传广度和力度。在自治区、盟市重点博物馆开展智慧博物馆体系建设，让文物展览"活起来"。

4. 开展图书典籍领域的国际合作

内蒙古地区应发挥蒙古学、民族和边疆图书文献的优势，以内蒙古图书馆、内蒙古社会科学院图书馆等特色馆藏图书为主体，加强同蒙古国国家图书馆、俄罗斯国立图书馆的交流合作，同时与俄罗斯布里亚特、图瓦、卡尔梅克等国家图书馆、科学宫，莫斯科列宁图书馆、圣彼得堡大学东方学院等开展广泛的交流合作。联合开展海外民族古籍普查工作，编制海外民族古籍文献资源联合目录，实现互惠共享。开展"数字文化走进蒙古包——中蒙俄技术交流与推广项目"和"中俄蒙数字文化资源共建共享合作项目"，构建中俄蒙三国蒙古语数字文化资源共建共享机制。

5. 推进边境公共文化服务建设

扎实推进城镇居民与农村社区文化建设，实现每个社区、嘎查都有文化室、文化体育广场等活动场所，加强基层公共文化服务设施建设，实施"两馆一站"（文化馆、图书馆、乡镇综合文化站）标准化、基层文化长廊等工程，着力增加弘扬社会主义核心价值观和体现内蒙古民族特色的优秀文化产品供给，满足边境居民基本文化服务需求。

（四）对外文化贸易和文化产业发展计划

"一带一路"超越了西部大开发，将中国内部市场一体化提升为欧亚

---

① 《关于成立自治区文化厅、文物局申遗工作办公室的通知》（内文办字〔2016〕319号）。

大市场建设，[①] 这对于作为欠发达西部地区的内蒙古是一个极佳的机遇。内蒙古地区应当抓住机遇，依托区位优势加快发展对外文化贸易，培育文化产业主体，充分发挥大企业大项目的带动作用，扶持发展特色文化企业和中、小微文化企业，形成一批具有核心竞争力的特色文化企业和品牌，积极推进文化"走出去"战略，拓展内蒙古民族文化发展空间，提高对外文化贸易发展质量。鼓励和扶持内蒙古自治区优秀文化企业、个人参加海外文化精品推介会，将区内文化精品项目推向世界，扩大国际市场空间；鼓励支持内蒙古自治区文化企业对外兼并、重组，提升区内文化企业国际影响力。

1. 通过有效平台和机制构建中蒙俄文化产业带

中蒙俄文化产业带是中蒙俄合作走廊的重要组成部分，既是国际市场化的重要一步，也是奠定人文交流基础的关键环节，故不能忽视。首先，可通过完善深圳国际文化产业博览会、北京国际文化产业博览会、敦煌国际文化博览会等参展机制，积极搭建合作平台，支持民族文化企业在文艺演出、工艺美术、文化旅游、非物质文化遗产生产性保护、文化会展等方面积极寻求对外合作。其次，要建设重点文化产业园区，支持内蒙古文化企业在蒙古国、俄罗斯兴办实体，引导和扶持文化企业参与"一带一路"文化贸易，培育形成一批"专、精、特、新"的深具内蒙古民族和地域文化特色的中小企业，引导民间文化企业提升竞争力，培养文化企业开拓国内国际市场的能力。最后，还要鼓励国有和民营文化企业积极参与"一带一路"文化贸易，依托对外文化贸易展会及对外贸易基地，推动骨干和中小文化企业的创新发展，促进文化消费和生产良性互动。

2. 积极促进中蒙俄经济合作走廊中文化贸易的拓展

拓宽文化贸易和交流渠道，应以演艺、创意设计制作、艺术授权、版权贸易、数字内容等新兴产业为主，拓展学术交流、人员流动、信息共享等国际合作渠道。定期组织文化行政管理部门、重点文化企业赴国外开展文化产业调研，参加文化产业培训，吸引外商投资于法律法规许可的文化贸易领域。

---

① 王义桅：《"一带一路"：机遇与挑战》，人民出版社，2015，第6页。

3. 建设运行良好的对外文化传播和贸易基地

建设文化传播和贸易基地，重点抓住重要口岸城市，尤其以满洲里市、二连浩特市为中心，依靠边境口岸和区位优势，以对俄蒙文化展示、文化贸易交流、生态文化旅游为重点，开展中俄蒙三国旅游节、冰雪节、选美大赛等品牌文化交流活动，把满洲里市、二连浩特市建设成草原文化展示窗口和中俄蒙文化交汇融通的示范基地。带动内蒙古自治区其他边境城市挖掘地区优势，加大对俄蒙文化传播和文化贸易力度。

三 内蒙古文化发展的基本保障

实现内蒙古地区文化的长远持续有效发展，离不开各项保障措施。本文主要从组织保障、政策法规保障、资金保障和安全保障四个方面来进行研究。

（一）组织保障

推进内蒙古"一带一路"对外文化发展战略是一项长期、涉及面广的系统工程，需要得到诸多领域的联合协调，以此形成合力，建设完善、高效、有力的组织保障，共同推进这一工程的实施。可成立内蒙古自治区"一带一路"文化发展专项工作领导小组，设立专门办公机构，加强战略谋划、组织领导，并协调推进内蒙古"一带一路"对外文化发展工作，尤其是对重大政策、重大项目和重大问题需格外重视，实施宏观调控与有效管理，统筹兼顾做好对内、对外两方面的工作。内蒙古次级区域可根据自身发展需求，将"一带一路"文化发展计划纳入本级政府未来工作的重要内容，进入议事日程，纳入各地经济社会经济全局之中，并研究本地区实际情况，更进一步制定具体措施，并将"一带一路"文化发展工作纳入领导干部工作实绩考核。

（二）政策法规保障

积极促成有关政府文化合作协议的签署，并努力落实国家和内蒙古地区有关文化、外交和贸易等相关政策。成立对俄、蒙文化交流专家委员会,由国家和内蒙古有关专家组成,负责对内蒙古同俄蒙文化交流、文化贸易提供决策参考,对方案和项目进行可行性研究论证,同时积极会同有关科研部门和区内外智库,开展"一带一路"对外文化发展政策的前瞻性研究,对热点、难点问题进行专项调研,为更准确实施奠定政策理论基础。对内蒙古"一带一路"文化发展进展情况进行定期科学评估,对实施效果进行跟踪监测。建立内蒙古"一带一路"文化发展重点项目库,定期对文化项目落实情况进行检查,总结经验教训,推广成功案例。建立和完善文化事业、文化产业和对外文化贸易的法律法规体系,引导企业自觉遵守国际规章和国际贸易规则,规避文化贸易的法律风险。加强文化领域知识产权保护,大力加强普法宣传,加强文化执法力度。简化出访俄罗斯、蒙古国的程序,保障和支持出访人员、事项和时间等方面的顺利进行,为高效开展国际文化交流提供便利。

(三)资金保障

加大对"一带一路"文化工作的财政投入,发挥公共财政的示范引导作用,促使国家、内蒙古自治区和地方文化发展资金向"一带一路"倾斜,设立"一带一路"文化发展专项资金,要专款专用。各盟市旗县应充分利用现有文化发展资金,大力支持对俄蒙的文化交流。有条件的地方应设立专项资金,用于对俄罗斯和蒙古国相关政策和情况的研究,推动人才培养,引导和资助各项文化交流和贸易活动。扩大"一带一路"资金筹集来源渠道,在争取国家和自治区财政支持的基础上,鼓励社会资本投入"一带一路"文化发展建设。

(四)安全保障

建立重大文化风险安全防范机制和应急预案,引导文化事业机构和文化企业用好各类避险工具,提高风险防范能力。落实国际文化交流安全审查制度,加强对国际文化交流合作的监督管理,支持边境地区和文化部门与俄、蒙边境和文化部门建立对口合作机制,加强文化执法合作,依法打击非法文化产品流入,确保国家和内蒙古自治区文化安全。

论地方志在"一带一路"中的信史文化作用

朱克雄*

摘　要：地方志不仅是联结"一带一路"沿线国家或地区历史和现实最可信的桥梁、最权威的资料，而且是让世界特别是沿线国家和地区了解中国、让各国相互理解信赖的"国粹""国宝"，也就是说地方志是实现"一带一路"沿线人民"心相通"的信史文化重器，方志工作者理应站在促进文化交流的高度，切实肩负起地方志信史文化重器服务国家"走出去"战略的神圣使命，积极主动对接"一带一路"倡议，进一步做强传承、拓展传播，推出一批高质量地方志成果，充分展示地方志的当代价值及永恒魅力，推动方志文化走向世界，有效发挥地方志信史文化重器的权威资料功用，这不仅应该成为传统方志事业的新常态，而且应该成为促进"一带一路"沿线文化大发展、大繁荣不可或缺的重要举措。

关键词：地方志　信史文化重器　权威资料功用

习近平总书记提出的"一带一路"倡议，获得了沿线各国的广泛欢迎。之所以提出"一带一路"倡议，这是我国全方位对外开放的必然逻辑，也是文明复兴的必然趋势，还是包容性全球化的必然要求，标志着中国从参与全球化到参与塑造全球化的态势转变。古代的陆上丝绸之路和海上丝绸之路起始于中国，连接亚洲、非洲和欧洲，搭建了东西方之间经济、科技、文化、教育交流的主要道路。无论是张骞通西域，还是郑和下

---

* 朱克雄，甘肃省平凉市地方志办公室副主任。

西洋，我们的祖先在大漠戈壁上"驰命走驿，不绝于时月"，在汪洋大海中"云帆高张，昼夜星驰"，走在了古代世界各民族友好交往的前列。展现了中华文化的魅力，也丰富了中华文化的内涵。今日"一带一路"在平等的文化认同框架下谈合作，遵循"和平合作、开放包容、互学互鉴、互利共赢"的丝路精神。"一带一路"源自博大精深的中华文化，是中国古代文化与现代文明交相辉映的成果。

那么，如何建设"一带一路"呢？普遍的认知是实现"五通"，即：建设从太平洋到波罗的海和印度洋的横跨欧亚大陆的交通干线；发展贸易和投资，简化贸易程序，扩大贸易规模，改善贸易结构，增加高新技术和高附加值产品比重，加强投资合作；加强货币流通，促进货币互换，实行贸易本币结算，增强金融体系防范金融风险能力，提高国际竞争力，设立金融机构为建设两条丝绸之路融资；加强政策沟通，把两条丝绸之路建设成为利益共同体和命运共同体；加强人文合作，实现民心相通。古人云："国之交在于民相亲，民相亲在于心相通。""一带一路"作为强化中国与世界关系的新抓手，需要长期经营、精心策划、妥善运筹，其中"民心相通"尤为关键。"一带一路"的基础是以基础设施为代表的互联互通，都是长远工程，如果缺乏沿线国家支持和民众认可，不可能建成，建成了也无法维护、运行。如果说经济项目洽谈是"一带一路"沿线国家"手拉手"的有效载体，文化交流是"一带一路"沿线人民"心连心"重要桥梁，那么，地方志则是实现"一带一路"沿线人民"心相通"的文化重器。反之亦然，只有说服"一带一路"沿线人民"心相通"，才能激发"一带一路"沿线人民"心连心"，最终促成"一带一路"沿线人民"手拉手"。

首先，实现"一带一路"沿线人民"心相通"必须充分认知地方志信史文化重器的桥梁作用。

地方志不是为"一带一路"而生，但客观上为沿线国家和地区的民心相通做了铺垫。在新的时代背景下，地方志与"一带一路"可以携手同行，相辅相成：地方志是文明复兴的时代体现，也是中国魅力的生动写照。古丝绸之路播下的中国与沿线国家和地区友谊的种子，经地方志浇灌后生根发芽，再经过"一带一路"建设开花结果。"一带一路"强调共商、共建、共享理念，与地方志一脉相承。弘扬和平合作、开放包容、互学互鉴、互利共赢的丝路精神，也因此为地方志未来发展提供了新的动力。

相对传统信史文化——地方志而言，"一带一路"既是历史的概念，更是现实的战略。而作为联系历史与现实的重要桥梁之一，地方志、地方史、各种年鉴和地情资料是"一带一路"信使文化之重器，是文化软实力的硬基础，是继往开来中华文化乃至华夏文明传承和传播的权威工程、精品工程、传世工程。其多层次、多维度、全方位、百科式的传承，能让人不论身处何时何地，都能看得到、见得着、零距离地接触"一带一路"5000年的厚重历史和文化底蕴。对其进一步开发利用和多元化二度、三度创造生发传播，既能主导传递5000年文明的推陈出新，又能助推文化产业的大发展、大繁荣，为文化正能量的弘扬提供源源不断的原始材料和信史精品。

之所以说地方志是实现"一带一路"沿线人民"心相通"的文化重器，这是由地方志的性质和功用决定的。我们知道地方志是传承和彰显中华文明的重要载体，是中华民族优秀文化的瑰宝。正如习近平总书记指出的："要马上了解一个地方的重要情况，就要了解它的历史。了解历史的可靠的方法就是看志，这是我的一个习惯。过去我无论走到哪里，第一件事就是要看地方志。"这种以志为信、以志为鉴的认知方法，究其实质就是源于中国特有的方志文化存史、资治（资政）、教化（育人）的"三大功用"。

所谓"存史"就是保存资料，这是修志的基础，也是志书首要的最基本功用。地方志作为"一方之全史"，一般必须全方位、多角度记述一方之人文资料和建设成就、发展变化。正如宋代著名学者乐史所言："不下堂而知王土，不出户而观万邦。"其"述而不论""存真求实""实事求是"的客观性，使之成为一方重要信史。它还可以"补史之阙，参史之错，详史之略，续史之无"，还原历史之本真，促进历史的发展。

所谓"资治"，现代说"资政"，就是为社会方方面面的治理提供依据和历史借鉴。这是地方志从古至今最重要的功用，也是编写地方志的根本目的,史书上就有"治天下者以史为鉴,治郡国者以志为鉴"之说。作为领导者只有对国情、地情或行业部门的历史发展和现状有了深切的了解,全面掌握客观事物的系统材料,才能做出正确的决策。而要系统了解地情实际的最便捷方式就是利用地方志。地方志不仅能为从事综合性管理的各级党政部门领导提供服务,与此同时也能为从事专业性管理的各种职能部门领导提供服务,还能凝聚催化各种社会力量正确治理社会方方面面的共识,甚至为从事商贸开发服务。这些服务主要是:为各级领导进行科学决策提供历史依据,为各地开发地方资源提供第一手资料和线索,为招商引资提供重要的地情信息,为防灾救灾提供重要史料,为城市规划和工程建设提供自然、人文环境历史依据,为有关方面提供区域自然、人文景观信息,促进文化旅游产业发展。

所谓教化,现代说"育人",就是要发挥潜移默化的作用,培育人文精神,这是地方志最为广泛的功用。在我国古代甚至把地方志上升到以中原地区为中心的中央王朝对周边地区的施政智慧,希望达到"修其教不易其俗,齐其政不易其宜"的目的。同理,地方志记载了一个地方的历史和现状,反映了人文精神,这对于传承地方精神,教育新一代人爱国、爱家乡将起到重要的作用。

其次,实现"一带一路"沿线人民"心相通"必须有效发挥地方志信史文化重器的权威资料功用。

地方志作为一个地方的百科全书,它涵盖了自身经济社会发展的资料、与其他地方自古以来交往的资料、历年气象灾害发生的资料、诗词歌赋等方面的资料。所有这些都为组织、参与或关注"一带一路"沿线国家或地区经济文化发展、地域特色形象建设,提供了有益的资料和借鉴。仅就我国而言,"一带一路"沿线主要经过的是民族地区和欠发达地区,这些地区是我国的资源富集区、水系源头区、生态屏障区、文化特色区、边疆地区、贫困地区。这些"家底"的历史和现状,经过古今志书一代代记录,为其传承传播提供了可能。人们从中既可洞见国情,又可见证民性。只有了解了这些"家底",才能真正了解中国文化多样性中的基本国情、省情、市情、县情、地情,甚至于商情,才能在"一带一路"建设中"知己知彼"，有的放矢，决胜千里。

地方志的三大功用，决定了它之于"一带一路"推陈出新是历史必然和现实选择。这是因为，地方志不仅是联结"一带一路"沿线国家或地区历史和现实最可信的桥梁、最权威的资料，而且是让世界特别是沿线国家和地区了解中国、让各国相互理解信赖的"国粹""国宝"。据统计，目前我国现存历代编修的旧志达到8000多种、10万多卷，约占我国现在古籍的十分之一。而作为帮助顶层设计和地方领导"察国情""别疆域""辨风土""量治情""裨教化"的古今通鉴，非地方志莫属。如今，我国也已出版7000多部省、市、县三级地方志书，2万多部行业志、部门志、军事志、武警志、专题志、乡镇（街道）志、村（社区）志等，1900多种、1.5万多部地方综合年鉴，1000多种、7000多部专业年鉴，大量地情文献等，为各地发展提供了有据可查的参考资料。

特别是2015年8月25日国务院办公厅颁布的《全国地方志事业发展规划纲要（2015—2020年）》首次将"史志不分家"上升到国家顶层设计的层面。这不仅是"实化"了2006年国务院《地方志条例》涵盖的传统地方志领域和范围，而且"将地方史编写纳入地方志工作范畴，统一规范管理"。这一"史志合一"统管编修机制创新，是对传统史志学术的一个重大突破，这必将对史志文化"承前启后、开创未来"产生划时代的深远影响，也必将开创中国史志文化的新纪元。

对接"一带一路"发展战略，实现"一带一路"沿线人民"心相通"，地方志工作者应登高望远，以贯彻《全国地方志发展规划纲要（2015—2020年）》为契机，以助推地方志事业大发展、大繁荣为己任，进一步做强传承、拓展传播，有效发挥地方志信史文化重器的权威资料功用。

一方面，应史志兼修，立体纵深，做强传承。一是从今往后，各级方志部门应在全力推进省、市、县三级志书编修的同时，重视地方史编修，将以往多由个人、团体主修的地方史转型为同类志书的"官书官修"，传承传史志正能量。同时，应把志史兼修横向扩展到行业、部门、单位，纵向延伸到乡镇、街道、村屯和社区。必要时，可适时启动国家《一统志》

等总志编修,以期全面、系统地传承国家信史,让"一带一路"沿线国家和地区在从地方史志中了解、吸取地方史志智慧、地方文化的同时,更宏观、更全面地了解借鉴中国智慧和中华文化。二是在"实施中华典籍整理工程"中,全面、系统地开展旧志古籍整理,在各地编纂《历代方志集成》的基础上,启动前所未有的《中国方志集成》系统工程,将中国特有的方志信史文化历史与现实有序对接聚集,真正打造成代表中国创造、中华文化的精品,进一步扩大其在国内外特别是"一带一路"沿线国家或地区的影响和传播。

另一方面,应推陈出新,与时俱进,拓展传播。关键是应做到三管齐下。一是将既有的史志成果通过精深加工、数字化、网络化,依靠地情信息网络平台向社会、公众公开史志成果,共享史志文化。二是编修综合年鉴、专业年鉴、行业年鉴,及时传播"年度百科"等最新地情、资讯,与时俱进助力于经济发展,即以志史传承历史,以年鉴地情对接现状。同时,弥补"隔代修志"的时效差,并为史志编修积聚时新资料。三是全力打造以国情、地情为主要内容的"百科全书式"资源宝库:"中国志库"和地情信息平台。即利用互联网技术和信息资源,实现"中国志库"+互联网,打造网络史志"一带一路"软实力,为经济"一带一路"提供实时信史文化资源、文化品牌支撑,推动方志文化进机关、进农村、进社区、进校园、进企业、进军营,推动城乡方志文化建设,培养地方历史记忆,在传承的同时进行实时有效传播,更好地贴近经济社会发展实际,贴近人民群众需要,充分发挥地方志资源在"一带一路"公共文化服务中的"资政""商鉴""教化"等重要作用。

最后,实现"一带一路"沿线人民"心相通"必须切实肩负起地方志信史文化重器服务国家"走出去"战略的神圣使命。

地方志作为中华文化的重要组成部分,方志工作者理应站在促进文化交流的高度,切实肩负起地方志信史文化重器服务国家"走出去"战略的神圣使命,积极主动对接"一带一路"发展战略,进一步做强传承、拓展传播,推出一批高质量地方志成果,充分展示地方志的当代价值及永恒魅力,推动方志文化走向世界,有效发挥地方志信史文化重器的权威资料功用，这不仅应该成为传统方志事业的新常态，而且应该成为促进"一带一路"沿线文化大发展、大繁荣不可或缺的重要举措。

只有民族的，才是世界的。这就要求我国"一带一路"沿线地区特别是少数民族和欠发达地区的史志工作者，应抓住《全国地方志发展规划纲要（2015—2020年）》"加大对民族地区、贫困地区地方志工作的支持力度"的历史机遇，旗帜鲜明地坚持以马列主义、毛泽东思想、邓小平理论、"三个代表"重要思想、科学发展观和习近平总书记系列重要讲话精神为指导，运用辩证唯物主义和历史唯物主义的方法，坚持实事求是的原则，客观、全面、系统地记述民族地区和欠发达地区的自然、政治、经济、文化和社会历史与现状，传承和传播尊重差异、多元一体的文化观，引导和帮助民族地区和欠发达地区各族人民群众树立正确的国家观、民族观、宗教观、文化观和历史观，以便有效防止境内外敌对势力通过歪曲历史、利用民族和宗教问题来蛊惑人心、蒙蔽群众。也就是说地方史志应在"一带一路"沿线文化多样性的架构中，积极发挥联系历史与现实的信使作用、联系中国与世界的桥梁作用，主动为化解宗教世俗矛盾、民族隔阂提供历史经验和聪明智慧，用社会主义核心价值体系引领我国各民族共有文化的精神家园，不断增强各族人民对伟大祖国的认同感、对中华民族的认同感、对中华文化的认同感、对中国特色社会主义道路的认同感，从而达到促进民族团结、维护社会和谐、实现祖国统一的目的。只有实现这种认同历史与现实的有效对接，才算史志工作者真正肩负起了服务国家"走出去"战略传承、传播地方志信史文化重器的神圣使命。正如美国戴维·S.兰德在《国富国穷》中写道的："如果说我们能从经济发展史学到什么东西，那就是文化会使局面完全不一样。"何以不一样，史志会真实地告知世界：把中国的发展与沿线国家和地区的发展对接起来，把中国梦与沿线国家和地区人民过上美好生活的梦想对接起来，让沿线国家和地区从中国的发展中获得裨益和助力，也使中国从沿线国家和地区的共同发展中获益。从而有效发挥地方志信史文化重器的权威资料功用，传播丝路文化、讲好丝路故事、阐明丝路精神。

文化遗产保护视野下的成都与"一带一路"倡议

汤 怡 陆韵羽 白玉川[*]

摘 要:"一带一路"倡议是我国全方位对外开放的一大创新,对于地处我国西南腹地的成都市来讲,是实现对外开放突破和升级的一次重大战略机遇,需要我们有准确的认识和科学的判断。本文从历史文化、现实问题和发展战略等方面展开成都如何积极融入、主动对接这一国家战略的研究,指出成都丰富悠久的历史文化遗产便是整体融入"一带一路"倡议得天独厚的切入点,并浅、析成都融入"一带一路"倡议的文化发展对策。

关键词:"一带一路" 成都 文化遗产

一 "一带一路"的历史渊源

"一带一路"既是对古代中国两大主要贸易通道的概括,更是当今我国应对世界形势深刻变化、统筹国内国际两个大局做出的重大战略决策。就其历史渊源来看,"一带一路"即陆上和海上两条"丝绸之路"线型经济带。一是陆上丝绸之路,即中国通过中亚、阿拉伯直达欧洲、非洲的路上贸易通道,陆上丝绸之路的三条主要线路分别是:西北丝绸之路、南方

---

[*] 汤怡,重庆师范大学西南考古与文物研究中心助教;陆韵羽,重庆历史名人馆《重庆历史名人》杂志编辑部编辑;白玉川,成都博物馆典藏部文博馆员。

丝绸之路、青海丝绸之路。① 其中，西北丝绸之路是最主要的一条线路，西汉时期以都城长安为起点，东汉时期以都城洛阳为起点。跨越陇山山脉，穿过河西走廊，通过玉门关和阳关，抵达新疆，沿绿洲和帕米尔高原通过中亚、西亚和北非最终抵达非洲和欧洲。同时，古代西南地区也通过青海丝绸之路和南方丝绸之路与印度、中亚相连接。青海丝绸之路即从成都向西北沿岷江河谷出今茂县、松潘一带经由川西茶马古道翻越青海道、羌中道与传统丝路汇合的通道。② 而南方丝绸之路即连接蜀印的"滇缅道"，从四川成都经云南至缅甸、印度并进一步通往中亚、西亚和欧洲地中海地区。③ 二是海上丝绸之路，以中国东南沿海为起点，经东南亚、南亚、非洲，最后到达欧洲。这两大丝绸之路经济带，横跨欧亚大陆，持续18个世纪，在实现东西方经济大融合的同时，促进了沿线世界各国文化大融合、文明大发展，为人类的发展进步做出了巨大贡献，堪称不同国家、不同民族共同参与、共同发展的典范。

二　"一带一路"倡议对成都市的重要意义

从历史来看，成都平原一直以来与"一带一路"都有着直接的联系。在先秦时期，蜀地便通过南方丝绸之路与印度、缅甸交通；秦汉时，成都已经成为全国丝绸重要产地，张骞通西域以后，西北"丝绸之路"形成，蜀锦得以通过以成都驷马桥、天回镇为起点的蜀道运送到西北"丝绸之路"的起点长安，再由长安中转至西域、西亚、欧洲诸国。

从现实发展的角度，成都得天独厚的地理位置使其成为"长江经济带"和"丝绸之路经济带"发展战略的重要支点，在"丝绸之路经济带"上，从成都出发的蓉欧快铁，向西跨亚欧大陆辐射欧洲。"长江经济带"上，成都借助沪汉蓉通道向东出海连接世界。两条铁路大通道，打通了两

---

① 胡文和：《东汉—蜀汉时期益州与古印度交通路线新考》，《成都文物》2016年第1期。
② 崔永红：《青海丝绸之路：玉石之路、羌中道研究》，《民族历史研究》2015年第3期。
③ 陆韧、余华：《南方陆上丝绸之路与海上丝绸之路互联互通的历史进程》，《云南大学学报》（社会科学版）2017年第2期。

大经济带的"经脉",在成都交会。交通先行的成都,将连接两大经济带,实现联动发展。同时成都市位于丝绸之路经济带南线和北线之间,也是川西平原连接"长江经济带"的起点,也是连接"丝绸之路经济带"和"长江经济带"这两大经济带的重要节点,古代成都曾参与了古丝绸之路的发展,既是贡献者,也是获益者。现在又紧邻"丝绸之路经济带",具有一定的区位优势。所以说,"一带一路"倡议对成都来讲,同样有着重要的现实意义。

如何使成都融入"一带一路"倡议之中,需要从历史和现实两个角度入手,全方位地使成都自身的发展置于"一带一路"倡议之中,使优势最大化。

三 成都历史上在"一带一路"中的重要地位

成都是西北丝绸之路的重要商品供应基地,是青海丝绸之路和南方丝绸之路的起点,欧亚文化交流的枢纽。从历史上来看,成都平原自然条件优越,物产丰富,生活富饶,是北方丝绸之路的丝绸等贸易商品的重要原产地,更是南方丝绸之路的起点。从目前考古出土的材料来看,巴蜀丝绸自秦汉以来便是丝绸之路上最为重要的商品之一,在输往西方的丝织品中以巴蜀丝绸为大宗。

(一) 成都是西北丝绸之路的重镇

成都地区通过古蜀道与北方丝绸之路连接起来。古蜀道,特指历史上关中尤其是长安地区进出蜀地的道路。其中最为重要的古金牛道,大致是南起今成都,过广汉、德阳、罗江、绵阳、梓潼,越大小剑山,经广元而出川以后,在陕西褒城附近向北进入古褒斜道,后沿褒河过石门,越秦岭,出斜谷,直通古代长安的路线。[①] 汉代及其后,巴蜀丝绸通过蜀道运

---

① 陆韵羽:《古蜀道基于线性文化遗产的"三位一体"保护模式再探——以剑门蜀道为中》,《中华文化论坛》2014年第1期。

抵长安,接着通过西北丝绸之路运输到西方。

(二)成都是南方丝绸之路的起点

南方丝绸之路以成都平原为初始点和发源地,苏秉琦先生在《中国文明起源新探》中指出:"四川的古代文化与汉中、关中以至南亚次大陆都有关系,就中国与南亚的关系看,四川可以说是'龙头'。"[①]

在秦帝国统一后,成都一直是中国西南地区的中心城市;成都地区土地肥沃、物产富饶,一直是中国西南地区物资供应基地;据《史记》记载,蜀锦被誉为丝织技艺的"双璧"之一。[②] 丝织技术不断发展,对外贸易量大幅增加,通往西南地区的主要商贸通道都是从成都出发。因此,成都是南方丝绸之路的起点。

(三)成都在"一带一路"顶层设计规划中占有重要地位

从国家发布的"一带一路"建设顶层设计规划[③]中,成都作为规划中内陆7个重要节点城市和内陆经济开放型高地被提及。由此可见,成都将在"一带一路"建设中发挥重要的作用。因此,作为历史时期陆上丝路的重要部分,也是新时期"一带一路"建设的重要节点,该倡议的实施是成都市发展的又一次机遇,应充分利用成都市作为四川省政治、经济、文化中心的区位优势,主动出击,有所作为,力争以丝绸之路经济带的重要节点来加入这一发展进程,努力在丝绸之路经济带占有一席之地。

四 成都市与"一带一路"相关联的文化资源

(一)以天回织机为代表的丝绸文化

2012年,成都市金牛区天回镇老官山汉墓出土了四部汉代织机。天回

---

① 苏秉琦:《中国文明起源新探》,辽宁人民出版社,2011。
② (汉)司马迁:《史记·货殖列传》。
③ 国家发展改革委、外交部、商务部经国务院授权发布的《推动共建丝绸之路经济带和21世纪海上丝绸之路的愿景与行动》,2015年3月。

织机的出土,① 既印证了成都是历史上丝绸之路的南起点,又印证了天回古镇是南丝绸之路的发端,从考古学上证明了成都平原在汉代时,纺织、丝绸业就极其发达,是成都丝绸文化的象征。

(二) 以天回扁鹊医简为代表的中医药文化

2012年7月至2013年8月,成都文物考古研究所和荆州文物保护中心组成联合考古队,对位于成都市金牛区天回镇、成都地铁三号线建设工地的一处西汉时期墓地进行了抢救性的考古发掘,共清理出西汉时期土坑木椁墓4座。其中,出土的汉代蜀锦织机模型,带有"心""肺"等线刻小字的人体经穴髹漆人像都是我国考古史上首次发现,而根据出土简牍所整理的部分医书,则极有可能是失传已久的中医扁鹊学派经典书籍。② 这些考古成果的发现与研究证实了成都中医药文化的渊源与辉煌。

(三) 以古蜀道金牛道、南丝路为代表的线型文化遗产

从历史时期至今的经济交流来看,金牛道既促使巴蜀地区,尤其是成都平原较快融入了以关中-中原为主体的全国商业城镇网络体系和经济体系(自汉代以来便连接到丝绸之路的贸易网络),又促使蜀中地区更加富庶,这样的商业贸易交流自秦汉至明清近代绵延不绝。

成都作为古蜀道的终点和南丝路的起点,代表着古代西南地区交通贸易的顶峰。

(四) 以交子为代表的商业流通文化

《楮币谱》中记载宋代交子用纸工场的旧址即今中铁二局大院位置,这是成都古代发达的商品经济和全国重要金融中心的标志,具有十分重要的历史意义。

---

① 谢涛、武家璧、索德浩、刘祥宇:《成都市天回镇老官山汉墓》,《考古》2014年第7期。
② 谢涛、武家璧、索德浩、刘祥宇:《成都市天回镇老官山汉墓》,《考古》2014年第7期。

（五）以天回镇为代表的商贸古镇文化

金牛道自秦代开置，横亘于巴蜀与秦地之间，绵延 600 余公里，是连接巴蜀文化与中原文化的唯一纽带，天回镇是这一纽带的起点。《读史方舆纪要》、《蜀记》和李白的《上皇西巡南京歌》记载了天回镇的得名与盛唐历史的密切联系，显示了唐代的成都已成为全国著名的工商业城市；李劼人先生的一部《死水微澜》，使得百年前成都小镇的历史民俗风貌跃然纸上。

（六）以蜀锦织造技艺等为代表的丝绸非遗特色产品技艺文化

四川古称"蜀"、"蜀国"和"蚕丛之国"，这里桑蚕丝绸业起源最早，是中国丝绸文化的发祥地之一。蜀锦起源于春秋兴于战国而盛于汉唐，是丝绸之路上最重要的商品之一。它以经线彩色起彩，对称纹样，四方连续，色调鲜艳，对比性强的艺术特色而闻名。于 2009 年列入世界非物质文化遗产名录，成都蜀锦织绣博物馆是蜀锦工艺的传承单位。

（七）以川茶为代表的茶文化

从历史上看，蜀道与丝路上最重要的贸易流通品就是"北丝南茶"，而西南地区又是茶叶种植和加工的起源地，应深入进行川茶贸易历史的研究和川茶文化的展示和建设。

五　文化遗产保护视野下的成都参与"一带一路"建设的对策

成都市紧邻丝绸之路，或者说地处丝绸之路经济带，成都平原与古丝绸之路的历史渊源和相关文化遗产，为我们提供了从文化遗产保护与利用角度参与"一带一路"建设的可行性。

（一）积极参与蜀道申遗，保护与利用好蜀道文化线路

经过多年的酝酿与筹备，2014 年 3 月，四川省正式启动蜀道申报设计

文化和自然遗产的工作，2015年3月，蜀道申遗的预备清单得以完成并经住建部初审，报联合国教科文组织备案，蜀道由此进入世界文化和自然双遗产预备名单，计划2017年完成准备工作正式递交申报文本并接受联合国专家现场评估，2018年提交世界遗产委员会审定。如果申遗顺利，绵延上千公里，跨越川陕两省的古蜀道将成为四川省继峨眉山－乐山大佛之后的第二个世界自然与文化双遗产。

蜀道线性文化遗产突破单体文化遗产的范畴，以更具生机的要素和更为丰富的内涵，在更大尺度的自然地理环境中拓展延伸，是在更高的层面上提升与把握蜀道遗产的整体价值。

成都市与蜀道申遗工作有着密切的关联。第一，目前成都市确定武侯祠、杜甫草堂、邛窑遗址、金沙遗址、明蜀王陵墓群、朱悦燫墓、王建墓（永陵）为成都市蜀道申遗的重点文化遗产单位。第二，古蜀道最为重要的线路——"金牛道"，从线路本身来看便是以成都市为起点，成都市域内更拥有与蜀道相关的各类历史遗迹、历史文献、民俗传说等，如驷马桥、天回镇、九里堤、曾家堡东汉墓、朱悦燫墓等，这些文化遗产不仅证明了成都与蜀道"金牛道"的整体关联，同样也为蜀道文化遗产的利用提供了资源基础。

对于蜀道申遗工作，首先，成都市需要进一步梳理辖区范围内有关丝路以及蜀道相关的历史文化古迹和非遗文化，加强与蜀道有关考古调查和学术研究；其次，积极在成都举办蜀道文物展览，通过这些丰富有效的展示形式，做好蜀道文化的展示工作；最后，大力推动蜀道起点文化品牌的建设，在成都市文化生态规划的指导下，有序推动天回古镇（蜀道起点）的建设，再现蜀道和丝路节点上繁盛的商贸古镇文化。通过这些基础性的工作凸显成都在蜀道中的地位和作用。

以丝路与蜀道等线型文化遗产为中心带动发展相关系列产业。除蜀道申遗及其相关文化的发掘梳理以外，对与"一带一路"相连的物质与非物质文化遗产资源也应当予以充分的重视，对已经受到重视和具备一定研究基础的，如以克服山地恶劣交通条件诞生的巴山背二歌、川江号子、梁平抬儿调、巫山龙骨坡抬工号子；为适应山地地形条件而诞生的羌族碉楼营造技艺；为利用山地物质条件进行生产活动的井盐深钻汲制技艺等非物质文化遗产，要加强研究、保护与利用工作。同时，对还未被重视和发掘的相关文化遗产资源，应在充分研究的基础上，争取一体纳入"一带一路"建设中，进行整体保护利用和旅游开发（见表1）。

表1 蜀道相关部分国家级非物质文化遗产一览

序号	编号	项目	类别	申报地区或单位
1	Ⅱ-24	川江号子	民间音乐	四川省音乐舞蹈研究所
2	Ⅱ-16	巴山背二歌	民间音乐	四川省巴中市
3	Ⅶ-56	石雕（白花石刻、安岳石刻）	传统美术	四川省广元市
4	Ⅷ-64	自贡井盐深钻汲制技艺	传统技艺	四川省自贡市
5	Ⅷ-64	卓筒井盐深钻汲制技艺	传统技艺	四川省大英县
6	Ⅷ-186	羌族碉楼营造技艺	传统技艺	四川省北川羌族自治县

（二）依托大遗址保护，打造重要历史文化中心节点

2011年6月3日，在国家文物博物馆事业发展"十二五"规划中，成都又与西安、洛阳、荆州、郑州、曲阜一同被确立为"十二五"期间国家重点支持的大遗址保护六大片区。根据国家文物局和四川省人民政府签署的《大遗址保护成都片区共建协议书》，成都地区大遗址主要包括成都平原史前城址群、十二桥文化遗址群、大型明代陵墓群、大型窑址群、四川西部抗元遗址等五类。这批大遗址，对于探索成都平原历史文化具有十分重要的意义。2013年2月，《成都市大遗址保护管理办法》经市政府常务会审议并原则通过，并将以市政府令形式颁布。成都市累计申请国家大遗址保护专项经费9000余万元。

在成都市的大遗址中，与蜀道最为相关的有三处，即金沙遗址、明蜀王陵墓群中的朱悦燫墓以及永陵（王建墓）。而在《"十二五"国家重要大遗址保护规划纲要》的框架下，市文广新局（市文物局）已委托清华大学城市规划设计研究院等资质单位编制大遗址保护成都片区总体规划以及多项遗址专项保护规划和环境整治方案。目前，《大遗址保护成都片区总

体保护规划》已编制完成。金沙遗址、王建墓、明蜀王陵等大遗址的保护规划也已编制完成，其中王建墓保护规划已通过国家文物局审批。

未来，一是可以把大遗址保护利用工作与新农村建设、新型城镇化推进、公共文化服务等工作进行有机结合，推动大遗址的保护、研究、展示和利用工作。二是要结合政府重大建设项目，积极推动大遗址的保护利用工作，如结合成都北改和城北区域文化建设，做好朱悦燫墓的保护利用工作。三是要加快推进大遗址范围内的环境整治，必要的居民搬迁，遗址博物馆（或公园）建设立项和报批，遗址博物馆（或公园）的方案设计、土地征用等前期工作。四是把大遗址的保护展示利用工作与"非遗"产业发展有机联系起来，通过"非遗"产业项目的有效带动，激发增加考古遗址公园的自我造血功能，达到文化产业繁荣发展的愿景。

青年学人论坛

关于民族互嵌型社区的研究综述

林 鑫 杨鹍飞[*]

摘 要：民族互嵌的基本精神的提出，为解决民族问题提供了新的理论视角，是我国民族工作开创新途径的重要突破。对于民族互嵌的研究近年来逐渐进入高潮，学者们试图给予这一新提法相应的理论支撑，也努力试图从实践中丰富该理论。民族互嵌的复杂性使得相关研究纷繁复杂，笔者主要分析有关学者就"民族互嵌型社区"的提出所做的相关研究，厘清互嵌、民族互嵌、民族互嵌型社区等概念，以及就部分学者对于建设民族互嵌型社区的部分针对性研究，探讨当前"民族互嵌型社区"研究的不足，并探讨可能的改进措施。

关键词：民族互嵌 社区 社区结构 民族互嵌型社区 社区建设

一 引言

我国是典型的多民族国家，各民族在漫长的历史演进中形成大杂居、小聚居的居住形态，这种混合居住的现实使得民族间的冲突成为我国维持国家稳定的首要问题。对于处理民族间冲突，中央从政策上创新，学者们从各个角度加以研究，探讨出"民族互嵌"的基本精神，但是目前对于如

---

[*] 林鑫，四川大学中国西部边疆安全与发展协同创新中心硕士研究生；杨鹍飞，四川大学中国西部边疆安全与发展协同创新中心副教授。

何有效实现"民族互嵌"还多停留在理论分析层面。笔者通过分析多名学者目前对"民族互嵌"的研究成果,发现建设"民族互嵌型社区"的重要性广受学界认可,但是多数学者普遍将目光锁定在中央关于"社区建设"的政策导向上,偏向于研究相关社区结构,而社区环境作为社区建设的重要方面却缺乏相应的重视,本综述希望借助分析以往学者的研究,总结目前研究成果,提出"民族互嵌型社区"研究中的不足。

二 民族互嵌

"民族互嵌"一词的提出,给相关学者造成了概念界定的困难,最初对于这一提法的概念界定,一般学者主要将"民族"和"互嵌"两词分别加以定义。针对"民族"的含义国内研究已有多年,基本形成了广泛认可的理论内涵;"互嵌"这一概念虽然未能在社区研究领域形成较为普遍的定义,但该词含义的界定是正确理解民族互嵌的重要方面。从探索"互嵌"内涵的定义出发,到对民族互嵌的研究是目前学界研究民族互嵌型社区的一般途径。

(一) 互嵌的含义

"民族互嵌"是在国家的民族政策中逐步发展而来的,此前所提的"民族交融"等概念现在目前逐步变为"民族互嵌"。要理解"民族互嵌",首先应该对"互嵌"一词语有准确的理解,"互嵌"实际就是"相互嵌入"。"嵌入"概念最早是由匈牙利政治经济学家卡尔波兰尼提出,主要用来分析个体行动者与制度结构的关系。后来美国学者格兰诺维特引入"嵌入"概念来分析社会网络与社会关系[1]。

在中央民族工作会议提出建立民族互嵌型社区后,才有部分学者尝试对"民族互嵌"的概念及内涵进行解读,在这一过程中认识到了"互嵌"

---

[1] 易法敏、文晓巍:《新经济社会学中的嵌入理论研究评述》,《经济学动态》2009年第8期。

对我国民族互嵌型社区的重要性。有学者从融合的角度来解读民族间的"相互嵌入",认为相互嵌入指的是各民族通过交往、交流、交融,在社会生活、社会参与等方面都融合在一起,每个民族都离不开彼此。有的学者从居住格局的角度进行解析,认为嵌入式社会和社区是指针对多文明、多元文化共同生存发展的居住格局。这种格局在很大程度上决定了多民族之间的交融程度。① 有的学者从相互嵌入的内容上讨论,认为相互嵌入包含结构互嵌、文化互嵌、制度互嵌、经济互嵌。② 有的学者则综合进行解释,认为相互嵌入就是各民族群众共居、共学、共事、共乐,在中华民族大家庭中手足相亲、守望相助,你中有我、我中有你,谁也离不开谁,认为我国各民族分布上交错散居、文化上兼收并蓄、经济上相互依存、情感上相互亲近,把"相互嵌入"作为民族交融微观注解的直观体现。③ 有学者则直接定义其内涵,认为相互嵌入的内涵就是在各民族权益得以保障的前提下,通过"润物细无声"的方式促进互嵌,推动各民族主动地相互了解、相互包容、相互学习、相互尊重、相互欣赏、相互帮助,提升社区的和谐程度,建立新型的社区环境和结构,实现利益共同体、情感共同体的紧密相连。④ 针对民族互嵌型社区的相互嵌入则是从社会结构视角把互嵌看作是一种族际关系处于不隔离和融合之间的社会结构,强调各嵌入主体的平等性和互动性,⑤ 这样的相互嵌入符合我国民族平等的基本政策,并且强调了结构上互嵌带来的互动结果。

(二)民族互嵌的理论内涵

只有在符合我国国情的基础上深刻理解"相互嵌入"的意义才能深入了解所谓民族互嵌的内涵。有的学者指出民族互嵌是指以中华民族多元一

---

① 符晓波:《"像石榴籽一样紧紧抱在一起"》,《瞭望》2014年第28期。
② 裴圣愚、唐胡浩:《武陵山片区民族社区互嵌式建设研究——以湖南省靖州苗族侗族自治县为例》,《中南民族大学学报》(人文社会科学版)2015年第2期,第17~21页。
③ 乌小花:《学界关于"民族互嵌"的理论探讨》,《中国民族报》2015年10月23日,第7版。
④ 陈兴文、王晓华、张丹:《构建多民族互嵌本科生团队的理论研究》,《大连民族大学学报》2016年第5期,第526~529页。
⑤ 严庆:《"互嵌"的机理与路径》,《民族论坛》2015年第11期,第10~13页。

体理论为指导,以各民族共同团结奋斗、共同繁荣发展为目标,以法治为基础,破解民族相对聚居造成的社会区隔和发展不平衡,推动各民族相互嵌入式的就业、就学、居住、社会交往等,保障各族公民合法权益的民族工作战略。① 有学者则从二维角度出发,认为民族互嵌本质是民族关系,其实质包含物质和精神两方面的内容——"民族互嵌"要实现思想相和,文化相美,经济相通,生活相近。② 更有学者从多维度视角将民族互嵌解构:一是从"三个离不开"③的思路出发,建构互嵌的定义;二是从"建构利益共同体"的视角来叙述民族互嵌的内涵;三是从"社会结构与重构"的角度以及以"在场与不在场"理论为视角展开论述。④ 究竟从何种视角、以何种维度才能更好地定义"民族互嵌",目前学界尚有争论,笔者则认为"民族"是一种事实存在群体,群体间的"互嵌"应是多维而非单一的,因此笔者更认可以多维视角剖析民族互嵌的理论内涵,既要考虑"互嵌"内容的多维度,也要考虑民族成员的多元化,同时兼顾社会结构的稳定性。

三 民族互嵌型社区

关于民族互嵌型社区的研究,在学界主要是以社区结构为基础而加以构建的,目前的研究成果中出现两种不同的方向:一种侧重研究社区结构,另一种侧重研究作为社区重要组成部分的民族成员。笔者认为对于民族互嵌型社区的研究是复杂的,民族成员的多元化、互嵌内容的多维度等都使得民族互嵌型社区包含着多层内涵,在这样的基础上研究民族互嵌型社区,不仅要重视社区的空间组成,更要重视社区内部的成员构成对社区环境甚至社区建设的影响。

---

① 沈桂萍:《构建城市民族工作的"嵌入式治理"模式》,《湖南省社会主义学院学报》2015年第1期。
② 吴月刚、李辉:《民族互嵌概念刍议》,《民族论坛》2015年第11期,第5~9页。
③ 胡鞍钢、胡联合:《第二代民族政策:促进民族交融一体和繁荣一体》,《新疆师范大学学报》(哲学社会科学版) 2011年第5期。
④ 刘成:《民族互嵌理论新思考》,《广西民族研究》2015年第6期,第7~14页。

（一）社区和民族社区的含义

民族互嵌型社区是建立在社区结构的基础上形成的生活共同体，要建设好民族互嵌型社区首先要厘清"社区"概念。很多学者在追求社区的普遍定义的基础上首先尝试分析社区的属性——空间属性及精神属性，多数学者首先强调的是社区的空间属性，如国外学者帕克（Park）在分析社区的本质特征时，采用"区域"和"土地"来体现社区的空间组成特性，[1] 希勒里（Hillery）则用"特定地点"[2] 等词语来反映社区的特定空间属性。同时，社区不仅仅是空间或地域上的简单居住形式，也有人强调社区中"共同体"的人群要素，认为社区是以一定地理区域为基础的社会群体，[3] 也就强调了社区应具有相关社会群体所具备的精神属性，如礼俗社会的"亲密无间、守望相助""相互依赖"等特征，[4] 这些特征都反映了社区成员之间的精神关系。由此可见国内外学者关于社区的定义颇多，从分析中可以发现，关于社区的社会学定义大多数学者认为应当包含三个基本要素，即相应的地域性、持续的社会互动以及共同的联系纽带。[5] 以上三个得到普遍认同的基本要素实质也是对于社区本质属性的分析，强调社区的"地域性"就是指社区的空间属性，而社区中的"社会互动"和"共同联系纽带"则是指社区的精神属性。因此，社区不是单纯的地理区位概念，而是一种内含情感因素的人文区位概念，是社会空间与地理空间的综合体。[6] 这样的社区被认为是进行一定社会活动，成员间具有某种互动关系和共同文化维系力的人类群体及其活动区域。[7] 而在这样的社区基础上形成的特殊的民族社区则被认为是居住在某一特定地域，成员为单一的少数

---

[1] R. Park, "Human Ecology," *American Journal of Sociology*, 1936, 17 (1), pp. 1-15.
[2] G. A. Hillery, "Definitions of Community: Area of Agreement," *Rural Sociology*, No. 20, 1995, p. 20.
[3] 《中国大百科全书》（社会学），中国大百科全书出版社，1991，第356页。
[4] 〔德〕斐迪南·滕尼斯：《共同体与社会：纯粹社会学的基本概念》，林荣远译，北京大学出版社，2010。
[5] 夏建中：《城市社会学》，中国人民大学出版社，2010，第78页。
[6] 郑杭生：《社会学概论新修》（精编版），中国人民大学出版社，2009，第224页。
[7] 郑杭生：《社会学概论新修》（第四版），中国人民大学出版社，2014。

民族，或是以某个少数民族为主体，几个民族杂居的，具有某种互动关系和共同的文化认同感而强有力地联系在一起的群体构成的区域。①

（二）民族互嵌型社区的理论内涵

在民族社区的研究基础上，根据"相互嵌入"在社会学中的运用，学者们逐渐将简单的"混居型"民族社区与"互嵌型"民族社区区分开，并且更加重视民族互嵌对于民族间真正交往、交流、交融的重要作用，国内学者关于民族社区和民族互嵌的研究主要集中于多民族地区的"民族互嵌型社区"的研究。对于"民族互嵌型社区"的研究，不同的学者对于民族互嵌型社区的内涵理解不同，有基于"社区"形成的，也有基于"民族"视角的。基于"社区"的概念，更强调共同的空间作为基础和结构的重要性，认为民族互嵌型社区就是指建立在一定的地域基础之上，由不同民族成员组成的，多元文化之间平等相处、彼此尊重的社会利益共同体。②或者认为民族互嵌型社区是公共空间下各民族树立起国家意识和中华民族命运共同体意识，从而形成的相互了解、相互尊重、相互包容、亲密无间的结构关系。③部分学者则更强调其中"民族"成分的构成，从社区内民族构成的角度将城市民族嵌入式社区分为三种类型，即以少数民族为主体的汉族嵌入、以汉族为主体的少数民族嵌入和各民族互嵌且比例大致相当。④有的学者则将两方面都考虑在内，认为民族互嵌是由两个以上（包括两个）民族共同居住并形成空间相错的同一区域内的共同体，这一共同体中的具有不同民族身份的成员之间形成自由交往、交流并相互包容的关系。⑤实际上，对于民族互嵌型社区这一特殊的社区形式，无论是以"社区"定义

---

① 郑杭生：《民族社会学概论》，中国人民大学出版社，2005。
② 张会龙：《论各民族相互嵌入式社区建设：基本概念、国际经验与建设构想》，《西南民族大学学报》2015年第1期。
③ 胡洁：《民族互嵌式社区的变迁轨迹和变迁机理——来自国际经验的启示》，《西藏研究》2016年第4期，第114~120页。
④ 马晓玲：《关于城市"民族互嵌式"社区的内涵思考》，《中南民族大学学报》（人文社会科学版）2016年第1期，第15~19页。
⑤ 杨鹍飞：《民族互嵌型社区：涵义、分类与研究展望》，《广西民族研究》2014年第5期，第17~24页。

为基础，还是以"民族"为主要视角，都有其适用性，但是民族互嵌型社区不能片面强调结构或者是成员属性，更多的需要将两者结合起来，均予以足够的重视，这样才能为民族互嵌型社区建设提供正确的理论支撑。

（三）民族互嵌型社区的分类

民族互嵌型社区的分类在学界也存在多种分类标准，有的认为民族互嵌型社区是由单一走向融合的，有三个标准可以作为划分依据：一是按居民构成划分；二是按地域流动划分；三是按民族互嵌类别划分[①]。这一分类方式较为笼统，只是提供了标准，未能进行有效的细分。有的则主要采用两种维度进行划分。一是根据空间关系和精神关系两个维度，将民族互嵌型社区分为四个基本类型：区隔型、接触型、融洽型和交融型。[②] 二是从族群和文化两个维度将民族社区划分为主导型传统、主导型现代、竞争性、现代型、发展型。三是通过民族成分和农村-都市连续两个维度统分为四种：主导型城市社区、主导型农村、混合型城市、混合型农村。[③] 另外还有学者细致地提出从民族成分、功能特征、民族文化类别、地域特点、宗教信仰、社区管理归属等六方面分类。[④] 无论是以哪种标准划分，我们都可以看出，目前对于民族互嵌型社区的区分非常不明确，这也对民族互嵌型社区建设造成了一定的困难，政策上无法对症下药，对不同社区类型采用相同的政策措施，使得社区建设效果欠佳。

四 民族互嵌型社区建设

目前国内外对于民族互嵌都还处于探讨期间，但是在实践方面对于民

---

① 刘成：《民族互嵌理论新思考》，《广西民族研究》2015 年第 6 期，第 7~14 页。
② 杨鹍飞：《民族互嵌型社区建设的特征及定位》，《新疆师范大学学报》（哲学社会科学版）2015 年第 4 期，第 21~28 页。
③ 裴圣愚：《相互嵌入：民族社区环境建设的新方向》，《黑龙江民族丛刊》2015 年第 1 期，第 111~115 页。
④ 高永久、刘庸：《西北民族地区城市社区多元类型及演化趋势》，《城市发展研究》2005 年第 6 期。

族互嵌型社区建设已经得出了一定的研究结果，可以作为此后研究民族互嵌的经验借鉴。多数学者已经认可不能把民族互嵌型社区简单等同于多民族"混居"社区的结论，认为民族互嵌型社区不仅仅是各民族之间相互影响和相互渗透的空间关系，更是不同民族之间形成自由交往，相互包容的精神、心理和情感方面的深层关系。[①]

（一）国内研究经验

目前国内针对民族互嵌型社区的研究没有局限于农村研究，也出现了部分对于城市地区的研究，不仅是在边疆地区，还有内地非边疆地区的研究。其中包含了天津、成都、云南、贵州、青海、宁夏等地，尤其是新疆地区，目前更是成为研究民族互嵌型社区的重要区域。

从对内地非边疆地区的研究来看，在对天津地区民族互嵌社区的研究中，主要探讨了社区资源对于东部发达城市民族互嵌型社区的重要作用，从民族交往、居住格局、民族通婚三个方面来考察少数民族成员与汉族或其他少数民族成员之间的嵌入意愿，并且注重从社区资源支持角度评价社区经济资源、文化资源和社会资源对民族互嵌型社区建设的作用与影响。[②]而对于成都市民族互嵌型社区的研究则展现了内地城市民族互嵌型社区的现状，其中包含了对成都民族互嵌型社区居民"三交"现象的分析，分析了生活型社区和创业型社区两种不同类型，发现这些社区的和谐共荣离不开民族自身、社会机构和当地政府的共同努力。[③]

对于边疆地区农村的研究，在研究云南农村多民族社区的实证分析中发现多民族村落社区往往是地域边界、精神文化边界、利益边界，甚至是家族边界交互重合的共同体。认为社区自治最能体现族际平等、族际团结

---

① 杨鹍飞：《准确把握民族互嵌型社区建设的基本特征》，《中国民族报》2015年7月24日，第5版。
② 陈纪：《社区资源：民族互嵌式社区建设的社会支持研究——天津市"两县三区"的调查报告》，《西南民族大学学报》（人文社科版）2016年第6期，第28~34页。
③ 来仪、马晓玲：《我国城市民族互嵌式社区建设研究——以成都市为例》，《西南民族大学学报》（人文社科版）2016年第11期，第63~68页。

和互动,是构建互嵌式族际关系的重要实践场域。① 我们可以发现因区域不同带来的环境的迥异,使得各地民族互嵌型社区有着巨大差异,更提醒我们在对民族互嵌型社区进行研究时,需要充分考虑实际环境的特殊性。

(二) 国外研究经验

国外的民族互嵌研究则主要是针对美国、新加坡等多民族国家的研究,包括新加坡"居者有其屋"模式、英国以教育为先导模式、美国多民族的平等之路模式。尤其是美国的多元文化主义首先用残酷的历史呼吁相互平等、包容的民族政策,消除种族歧视,然后提倡民族混居,最后将"美利坚民族""美国公民"的意识植入以增强公民凝聚力和共同体意识的经验。② 虽然这些可以作为我国民族互嵌研究的参考经验,但需要明确的是我国民族互嵌的研究背景、现实条件等与他国并不存在完全一致的可能性,所以在借鉴经验的同时需要注意把握经验的可行性分析。

(三) 民族互嵌型社区建设的路径选择

对于民族互嵌型社区建设的路径选择目前还未有确定的说法,学者们各有看法。刘成认为应该是一元向多元转化的:首先要坚持以现代文化为引领,共筑民族互嵌的先导;其次民生工作继续深入推进是实现民族互嵌的根基;最后深入挖掘我国民族地区互嵌本土经验是实现真正互嵌的精髓。③ 郝亚明认为消除社会结构分隔是首先要做的,其次要同步消除社会资源排斥,进而消除社会心理疏离,这样才能为建构民族互嵌的社会结构提供有力的前期准备。④ 王希恩认为需要打破民族结构与其他社会结构的重合,使不同民族成员掺杂或嵌入其他社会结构中去,从而为消除民族隔

---

① 王茂美:《多民族社区自治:互嵌式族际关系构建的实践场域——基于云南农村多民族社区的实证分析》,《西北民族大学学报》(哲学社会科学版) 2016 年第 1 期,第 56~60 页。
② 胡洁:《民族互嵌式社区的变迁轨迹和变迁机理——来自国际经验的启示》,《西藏研究》2016 年第 4 期,第 114~120 页。
③ 刘成:《民族互嵌理论新思考》,《广西民族研究》2015 年第 6 期,第 7~14 页。
④ 郝亚明:《民族互嵌式社会结构:现实背景、理论内涵及实践路径分析》,《西南民族大学学报》(人文社会科学版) 2015 年第 3 期,第 22~28 页。

阂、实现交融创造条件。① 侯万锋则认为应该通过构建"多元共治"治理模式,以"多元主体、多元平台、多元服务"为基本架构,是实现民族地区"建立现代社区治理体系,构建社区良性社会生态"治理目标的现实路径。② 马光选等认为当前关于民族关系与民族问题的处理存在政治化路径、文化化路径、法治化路径和经济化路径四种方式。③ 夜晓语等强调强化文化认同的路径,重视以教育增进各民族相互了解与包容。④

五　小结

2014年5月中共中央召开的政治局会议,随后举行的第二次中央新疆工作座谈会以及2014年9月召开的中央民族工作会议,提出"推动建立各民族相互嵌入的社会结构和社区环境",为实践开拓民族团结新局面提供了新思路,也为理论界拓展民族研究新高度提供了新理念,近年来我国有部分学者开始对"民族互嵌"加以重视,试图界定相关理论内涵,从理论构建和实际建设中研究民族互嵌型社区。但是目前的研究尚处于摸索阶段,民族互嵌型社区建设也尚未完成,这一研究还存在众多不足以及进步的空间。

(一) 目前研究的不足

笔者大致梳理了目前对民族互嵌型社区这一问题的理解与研究成果,发现目前的研究主要从"互嵌"的理论内涵去解释"民族互嵌"的含义,并且着重就民族互嵌型社区建设进行文献综述,笔者认为,虽然目前学界对民族互嵌型社区建设的研究逐渐完善和增加,但也有一些不足之处,需

---

① 王希恩:《民族的融合、交融及互嵌》,《学术界》2016第4期,第33~44页。
② 侯万锋:《多元共治:民族地区"互嵌"社区治理的现实路径》,《中国民族报》2016年3月4日,第7版。
③ 马光选、刘强:《民族关系的"互嵌——共生模式"探讨——对云南省民族关系处理经验的提炼与总结》,《云南行政学院学报》2016年第6期,第38~45页。
④ 夜晓语、毕振昇:《建设多民族"互嵌式社区"的深远用意》,《人民论坛》2016年第31期,第90~91页。

要学者继续研究。

首先,视角单一性。从社会学的视角去研究民族互嵌是目前我国处理民族工作的一个创新可行的办法,但是全然用社会学的视角去弥补政治政策的不足是无法真正解决民族问题的。在进行民族互嵌的研究中,社会视角是一个重要方面,可以为学者和政策制定者提供不同视角去看待民族问题,也可以避免采用单一的措施去解决民族问题,但是我们更需要开展宽领域、多视角的研究方法去分析民族互嵌型社区建设过程中出现的问题,并从多种途径出发,寻找解决办法。

其次,维度片面性。社会结构的稳定性、适当性、互嵌性对于民族互嵌的推进作用是毋庸置疑的,但是民族互嵌型社区建设目前的研究也因此陷入了偏向社区结构探究的泥潭。在重视结构研究的过程中,虽然部分学者意识到社区属性的双重甚至多重性,但是多民族成员之间实际的情感互嵌、文化交流等却依然被大多数学者忽略。因此,在研究民族互嵌的过程中,需要重视多维度的研究层面,不能单方面研究社区结构,还需要对社区精神建设予以重视。

最后,层次局限性。民族互嵌型社区建设是多方面的互嵌,除了社区层面,还需要注重教育层面、文化层面、经济层面等。单从社区层面,尤其是社区结构层面来推进民族互嵌,实现各民族相互嵌入式发展,是有限的。所以在这一研究过程中,我们应该拓展视野,不仅要研究民族互嵌型社区建设,更要将经济互嵌、文化互嵌等融入研究中,实现真正的民族互嵌发展。

(二) 研究展望

基于以上对民族互嵌型社区的文献综述,我们可以看出民族互嵌对于我国民族工作的重要性,但是目前的民族互嵌研究对我国民族工作的需求是无法满足的,还存在视角单一性、维度片面性、层次局限性等缺点。

针对以上缺点,笔者认为今后的研究应首先突破社会学视角,在民族互嵌型社区建设过程中充分发挥历史学、政治学以及管理学等相应研究方法、研究经验的作用,在研究民族互嵌型社区的形成过程中考量相关历史因素的作用，研究如何从国家政策上去支持以及保障民族互嵌型社区的建设，研究民族互嵌型社区这一特殊的社区形式应采取什么样的治理模式等。

其次，强调社区的空间属性是一直以来研究大多数社区问题的重要因素，但是民族互嵌型社区的特殊性在于其社区成员的特殊多元化，所以在研究过程中要避免以空间属性代替精神属性，应注重多维度分析民族互嵌型社区建设，重视社区内部成员群体所拥有的各具特色的文化、情感等软环境的研究。

最后，民族互嵌型社区不是单纯指社区部分之间的互嵌，更应该注重社区以外与社区成员有关的经济、文化等层面，在研究民族互嵌型社区的过程中，发展相应的有关经济互嵌、文化互嵌等互嵌型建设，拓展自身研究视野，将多种层次、不同类型的互嵌均融入对民族互嵌型社区的研究中，真正实现民族互嵌发展。

图书在版编目(CIP)数据

西部发展研究.2017年.第2期:总第8期/罗中枢主编.--北京:社会科学文献出版社,2017.12
　ISBN 978-7-5201-1804-0

Ⅰ.①西… Ⅱ.①罗… Ⅲ.①西部经济-区域经济发展-研究-2017　Ⅳ.①F127

中国版本图书馆CIP数据核字(2017)第281032号

西部发展研究　2017年第2期　总第8期

主　　编 / 罗中枢
副 主 编 / 王　卓

出 版 人 / 谢寿光
项目统筹 / 王　绯
责任编辑 / 黄金平

出　　版	/ 社会科学文献出版社・社会政法分社(010)59367156
	地址:北京市北三环中路甲29号院华龙大厦　邮编:100029
	网址:www.ssap.com.cn
发　　行	/ 市场营销中心(010)59367081　59367018
印　　装	/ 三河市尚艺印装有限公司
规　　格	/ 开　本:787mm×1092mm　1/16
	印　张:11.25　字　数:166千字
版　　次	/ 2017年12月第1版　2017年12月第1次印刷
书　　号	/ ISBN 978-7-5201-1804-0
定　　价	/ 58.00元

本书如有印装质量问题,请与读者服务中心(010-59367028)联系

▲ 版权所有 翻印必究